KB109092

알고리즘에 갇힌
자기 계발

마크 코켈버그
연아람 옮김

알고리즘에 갇힌
자기 계발

편리하고
효율적이거나
지치고
불안하거나

민음사

차례

1

자기 계발이라는 절대명령

사람들은 자기 계발에 집착한다. 밀레니얼 세대와 Z세대는 물론 베이비붐 세대와 X세대들도 운동과 명상을 하고 각종 세러피를 받으며 스마트폰 앱을 사용하여 능력을 개발하고 삶의 질을 높이려 한다.[1] 외모를 가꾸고 살을 빼는 일은 일상이다. 하지만 요즘 자기 계발은 외모나 건강에만 국한되지 않는다. 지적 능력을 향상하고 정신을 고양시키는 것도 포함한다. 이는 경제 통계에도 나타난다. 미국에서 자기 계발은 110억 달러 규모의 산업으로[2] 관련 도서, 강연, 워크숍, 수련회, 개인 코칭, 애플리케이션, 온라인 강의 등이 시장에 넘쳐 난다. 여기에 기술도 한몫한다. 기술의 도움으로 사람들은 자기 계발에 관한 정보를 찾고 강의에 등록하며 자신의 성과를 확인하고 그것을 다른 사람들에게 알린다. 자기 계발도 행복처럼 관리, 통제, 측정, 기록, 공유된다.

그러나 자기 계발에 대한 끊임없는 노력은 자기 집착과 완벽주의와 결합하면서 고된 일이 되어 버린다.[3] 삶의 질이 높다 해도 행복하지 않다. 넷플릭스 시리즈 「리빙 위드 유어셀프」의 주인공처럼 더 나은 버전의 자기 자신을 만들고 싶은 욕망 때문이다.[4] 사람들은 안절부절 어쩔 줄을 모르고 불안해하며 절박하다. 우리는 아주 높은 목표를 세우고 빨리 달성하라고 자신을 다그친다. 완벽을 추구하는 것은 스트레스가 많이 따르는 일이다. 스스로 세운 기대치가 너무 높아 절대 다다르지 못하는 데다 현대인의 삶은 속도가 점점 더 빨라지고 있기 때문이다.[5] 우리는 모든 일이 빨리 쉽게 당장 이루어지길 바란다. 빨리 쉽게 당장 이루지 못하면 자괴감에 빠진다. 심하면 우울증과 자살 충동에 시달리기도 한다. 이는 분명 위험한 현상이다.[6] 자기 계발은 개인적, 문화적 질병이 되어 가고 있다.[7] 《뉴요커》에 실린 한 기사가 지적하듯이 우리는 "죽도록 자기를 계발하는 중이다."[8]

성과에 대한 압박이 우울증과 자살로 이어질 수 있다는 건 누구나 아는 사실이다. 이를테면 중국 청소년들 사이에서는 성적 향상이 중요한 자기 계발이고 성적이 출세의 도구로 간주되기 때문에 성적이 떨어지면 혹은 성적이 떨어지는 것에 대한 불안으로 우울증을 호소하거나 죽음을 택하는 경우가 있다.[9] 아메리칸드림을 이루지 못한 이들도 일부 유사한 비운을 겪는다. 아서 밀러가 1949년에 쓴 희곡 『세일즈맨의 죽음』의 주인공은 아메리칸드림을 좇다가 실패한 후 스스로 목숨을 끊는다.[10] 주인공이 자살에 이용한 도구는 개인주의와 자유를 상징하는 자동차다. 현대 사회도 별반 다르지 않다. 어떤 이들은 오늘날 미국에서 일어나는 총기 난사 사건의 원인을 아메리칸드림과 개인의 총기 소유가 결합한 데서 찾는다. 사람들은 자신이 성공할 거라 믿도록 사회화되어서 실패하면 어찌할 바를 모른다.[11] 이것도 개인의 성공과 자유라는 사상이 강력한 기술과 결합해 죽음을 초래하는 경우다.

사회 문제는 개인의 문제로 둔갑하고 집단행동, 국가의 기능, 사회 경제 제도는 논의되지 않는다. 학교나 직장에서의 성취, 사회적 계급만 문제가 되는 것도 아니다. 긍정 심리학의 지원 속에서 (사적인) 자아를 가꾸고 발전시키는 일도 "미국식 개인주의의 신조"가 된다.[12] 이런 자기 계발 문화는 소셜 미디어와 셀러브리티(유명인) 문화에 의해 강화된다. 가스통 프란선이 지적한 이 "자기 관리의 셀러브리티화"는 개인화된 신자유주의 이념을 재생산한다.[13] 유명인들은 청소년들에게 끊임없이 자기 관리를 해야 한다는 메시지를 전달한다. 행복을 증대하고 자아를 실현하기 위해 노력해야 한다. 위기를 극복하고 자신을 탈바꿈시켜야 한다. 긍정적으로 생각하라! 기분이 나쁘면 그건 내 잘못이다. 누구나 부단히 자아 계발에 힘써야 한다. 모든 것은 내 손에 달려 있다. 이런 식의 사고는 사람들에게 엄청난 마음의 짐을 안긴다. 절망에 빠뜨릴 만큼 무거운 마음의 짐을 말이다.

그렇다고 안 할 수도 없다. 자기 계발은 더 이상 선택할 수 있는 문제가 아니라 의무이기 때문이다. 자기 계발을 하지 않으면 게으르다는 말을 듣는다. 자기 계발은 책무다. 우리는 매일 매 순간 자기 계발의 의무를 안고 있다. 쉼이나 재미를 추구할 여유가 없다. 연중무휴로 돌아가는 경제에서 빠져나올 수 없듯이 자기 계발 문화를 떠나는 것은 거의 불가능하다.[14] 늘 무언가를 배우고 발전해야 한다. 앞으로 나아가야 한다. 우리는 지쳐 쓰러질 때까지 자기 계발을 한다. 직장이나 가정생활에서만 번아웃이 오는 게 아니라 아이러니하게도 그런 번아웃을 해결하려고 하는 자기 계발 활동에서도 번아웃을 경험한다.

　　이런 유해한 자기 계발과 완벽주의는 미국이나 중국만의 문제가 아니라 서양 문화에 깊은 뿌리를 두고 있다. 뒤에서 다루겠지만 이런 문화는 부분적으로 고대 그리스 철학과 기독교 사상(헬레니즘의 자아 기술부터 기독교의 죄의식, 고백, 개신교 윤리 등), 자아 탐구와 학습을 중시하는 인문주의 문화, 고유성과 완벽성에 집착하는 현대 문화에서 기인한다고 할 수 있다. 또 신자유주의의 경쟁 심화, 개인주의, 자존감에 대한 강박, 인간의 행동을 예측하고 통제하며 우리를 절대 내버려 두지 않는 무자비한 형태의 자본주의, 공동의 해결책이 거부되면 남는 것은 개개인의 자기 계발뿐이라는 개인주의적 정치 이념의 맥락에서도 분석되어야 한다.[15]

　　그러나 이런 자기 계발의 역사와 문화에서 목표 실현을 위한 도구로 쓰일 뿐 아니라 그 목표를 형성하는 데도 결정적인 역할을 해 왔으며 여전히 하고 있는 기술에 대한 연구와 논의는 극히 미비하다. 근대 인문주의 시대에도 이미 소설이나 일기와 같은 자기 계발 도구가 있었다. 오늘날 자기 계발 문화에 문제가 있는 것은 우리가 새롭고 강력한 자기 인식 및 자기 계발 기술에 떠밀리고 있기 때문이다. 이런 기술은 정보를 제공하고 성찰을 유도하기도 하지만 끊임없이 자신을 재단하고 타인과 비교하도록 부추기며 견디기 힘든 혹독한 자기 수양과 자기 감시, 정량적 지식의 세계로 우리를 밀어 넣는다는 특징이 있다. 일례로 스마트폰 앱은 우리 생활을 관찰하고 추적하며 평가한다. 소셜 미디어나 게임은 나와 타인을 비교한다. 우리에 관한 데이터를 소유하고 있는 기업들은 그 통계 정보를 분석하여 끊임없이 무언가를 권하고 광고를 보여 준다. 우리는 지쳐 나가떨어질 때까지 자기 계발을 멈추지 않는다. 어떤 사람들은 이런 현실을 이용해 돈을 벌고 기술은 그런 현실을 뒷받침한다.

기계처럼 하는 자기 계발은 자기혐오와 좌절을 낳는다. 티나 에드워즈가 지적했듯이 이런 식의 자기 계발은 "너는 아무 문제 없어."나 "있는 그대로의 네가 좋다."와 같이 친구나 배우자, 연인에게서 듣고 싶어 하는 말을 쉽게 받아들이지 못하게 만든다.[16] 그리고 자기 계발 업체, IT 및 데이터 기업들은 이것을 뻔뻔스럽게 악용한다. 우리가 자기 계발에 쏟는 시간은 곧 돈이다. 단 우리가 아니라 다른 사람들을 위해 쓰이는 돈이다. 밀레니얼 세대가 없는 돈을 쪼개 가며 자기 계발을 하는 동안 자기 계발 서적 작가와 IT 투자자들의 수입은 하늘 높은 줄 모르고 치솟는다.

이렇게 기계처럼 하는 자기 계발 습관과 문화에서 벗

어날 방법이 있을까? 한 가지 분명한 해결책은 컴퓨터나 스마트 기기 사용 시간을 줄이는 것이다. 즉 인터넷 접속을 하지 않는 것이다. 그러나 역설적이게도 디지털 디톡스야말로 자기 계발의 한 방법이자 자조(自助)에 관한 가장 흔한 조언이다. 디지털 다이어트는 자기 계발 시장에 나와 있는 다양한 방법 중 하나지만, 디지털 기술이 이미 우리 삶 속 깊숙이 파고든지라 실천하기는 매우 어렵다. 현대인의 노동과 삶의 방식을 고려해 보건대 디지털 기술에서 완전히 벗어나는 것은 불가능해 보인다. 이미 기술에 너무 많이 의존하기 때문이다. 그렇다면 현대 기술에 비판적 태도를 견지하되 기술을 완전히 배척하지는 않는 다른 해법은 없을까?

    이 책은 우리가 왜 이런 현실에 처하게 되었는지 복기해 보고 기술의 역할을 분석, 평가하며 가능성 있는 해결책을 알아본다. 다음 장부터는 자기 계발의 테크노컬처가 어떻게 발생했는지, 왜 계속되고 있는지 살펴보고 우리가 할 수 있는 일은 무엇인지 논의한다. 이를 통해 나르시시즘과 개인주의, 자본주의와 관련된 개념과 이론을 설명하고 오늘날 자기 계발 문화에서 인공지능(AI) 같은 기술이 한 역할을 밝히며 자기 계발의 덫에서 벗어나는 독창적이고 참신한 방법을 탐구한다.

이 책의 개요

2장은 사상사에서 자기 인식, 자기 관리, 자기 계발에 관한 이론적 근원을 찾는다. 자기 자신을 알라는 소크라테스의 명령을 시작으로 내면을 들여다보고 타인에게 의지하지 않는 법을 강조한 스토아 철학, 극기 실천과 완전함을 가르친 기독교 전통, 혁신적 기술과 매체가 함께한 인문주의의 소통 문화를 거쳐 진정하고 고유한 자아를 찾고 보여 주는 데 혈안이 된 근대 문화의 시작을 알리는 루소까지 만나 본다.

3장은 이런 발전의 결과로 형성된 현대 사회를 파헤친다. 나르시시즘 현상과 그것의 현대적 형태, 1960~70년대 반체제 문화와 그것이 오늘날 테크노컬처에 미친 영향, 현대 힙스터 문화의 근간을 이루는 새로운 형식의 실존주의(자아는 스스로 만드는 것이고 '고유'해야 한다.)에 대해 알아본다. 이런 사상들은 근본적인 사회 변혁이 아니라 자아에 대한 집착을 낳았고 무자비하리만큼 상품화, 상업화되었다. 이렇듯 이 책은 얼핏 심리적 현상처럼 보이는 논의를 사회적, 문화적 문제로 확장하고 전환한다.

물론 자기 계발 목표가 지극히 개인적이거나 완벽함

을 추구하려는 의도가 전혀 없는 사람들도 있다. 이들은 그저 육체적 활력 증대나 일상의 안온함을 바란다. 그러나 어떤 사람들에게는 자기 계발이 정치와 뗄 수 없는 문제다. 예를 들어 미국의 사회적 소수자들은 자기 계발 행위를 억압에 대한 일종의 저항 운동으로 보기도 한다. 구조적 폭력이라는 사회적 맥락에서 나타나는 흑인 여성들의 요가나, 혐오 범죄에 대한 대응으로 호신술을 배우는 아시아계 여성들, 고유 언어를 다시 배우는 미국 원주민들이 대표적인 예다.[17] 이 책은 다양한 집단(특히 다양한 세대)이 자기 계발 문화와 어떻게 얽혀 있는지 설명하지만 특정 개인이나 집단의 심리와 목표가 핵심은 아니다. 좋은 의도의 자아 계발이 초래한 자기 계발 사회와 문화 전반의 문제적 측면이 바로 이 책의 핵심 논의다.

4장에서는 니체와 마르크스의 사상을 중심으로 사회 비판 논의가 심화된다. 먼저 현대 신스토아주의의 정치적 측면에 의문을 제기하면서, 내면에 대한 탐구는 부당한 사회 질서로부터 관심을 돌리는 노예를 위한 철학과 다를 바 없다고 주장한다. 그런 다음 일명 건강(wellness) 산업과 자본주의 형태의 착취가 상품과 서비스, 나아가 개인 정보까지 팔기 위해 어떻게 자기 계발을 이용하고 장려하는지 분석한다. 그러면서 자기 계발이 부르주아 계급 표식에 어떻게 이용되는지, 더 넓게는 자기 계발이 다양한 사회 경제적 계급에 어떤 의미를 갖는지 고찰하는 것으로 마무리된다.

자기 계발 문화에서 기술의 역할은 책 전반에 걸쳐 다루지만, 5장에서 이 문제를 더욱 중점적으로 논의하며 특히 자기 계발과 AI의 관계를 파헤친다. 5장은 AI가 아주 구체적인 자기 인식 방법을 제공하는데 이는 인문주의 기술이 제공한 것과 다르다는 점을 밝히고, AI가 우리보다 우리 자신에 대해 더 잘 안다는 주장이 맞는지 따져본다. 또 우리가 자기 계발을 인체 향상으로 이해할 때 자기 계발 개념에 어떤 일이 벌어지는지도 살펴본다. 기술이 인간의 마음과 정신을 업그레이드해 줄 것으로 기대한다면 자기 계발은 과연 무엇을 의미하게 될까?

그다음 장은 자기 계발 위기에 대한 다양한 해결책을 논의한다. 과연 어떻게 자기 계발이라는 개념을 완전히 포기하거나 기술을 거부하지 않고 강박적인 자기 계발 문화를 탈피할 수 있을까? 6장은 자아의 관계적 개념을 발전시키고 옹호하면서 내면이 아닌 바깥세상을 향한 태도, 즉 타인과 자연에 관심을 두는 태도를 권고한다. 그러나 이 역시 또 다른 자기 계발 충고로 흐르지 않도록 그 권고를 사회 변혁에 대한 요청으로 보완한다. 오늘날 자기 계발의 위기를 해결할 방법은 사회 변혁뿐이기 때문이다. 7장에서는 이런 사회 변혁이 기술, 특히 AI에 어떤 의미가 있는지 설명한다. AI는 그저 문제일 뿐일까, 아니면 해결책도 될 수 있을까? 이 질문에 답하기 위해 기술과 문화의 관계를 고찰한 뒤 기술과 서사 그리고 좋은 삶에 관한 놀라운 결론에 도달하며 끝을 맺는다.

2

너 자신을 알라
_자기 인식과 자기완성의 전통

고대 그리스 철학의 대표적 격언 "너 자신을 알라."
는 원래 델포이의 아폴로 신전 앞마당에 새겨진 문구였
으나 플라톤의 대화편에서 소크라테스가 언급하며 유명
해졌다. 『파이드로스』에서 소크라테스는 자기 자신에 대
해서도 모르면서 다른 주제를 이야기하는 것이 얼마나
우매한 일인지 설명하며 이 문구를 언급한다.(229e~230a)
소크라테스에게 자기 자신을 안다는 것은 자신의 앎이
아직 부족하고 배울 것이 여전히 많다는 사실, 즉 자기
지식의 한계를 깨닫는 것이었다. 그리스의 신을 믿지 않
고 젊은이들을 타락시켰다는 혐의로 재판을 받게 된 소
크라테스가 스스로 변론에 나서지만 결국 허사로 돌아
가는 내용을 담은 『소크라테스의 변론』에는 소크라테스

가 모르는 것을 안다고 착각하지 않기에 다른 사람들보다 더 지혜롭다는 대목이 나온다.(21d) 자신의 무지를 깨닫는 것이 더 나은 사람이 되기 위한 첫걸음이라는 것이다. 또 자기 자신을 아는 것은 불멸하는 자신의 영혼이 이미 알고 있는 것을 기억해 내고(소크라테스의 말년을 배경으로 한 대화편『파이돈』에 나온다.) 정의와 사랑의 본질을 이해하려고 노력함으로써 자신의 진정한 본성을 깨닫는 일이라고도 말한다. 소크라테스에 따르면 인간에게 주어진 과제는 좋은 삶을 사는 것이다. 좋은 삶을 살기 위해서는 내면을 가꾸고 적극적으로 자기 성찰에 임해야 한다. 소크라테스 이후 스토아 철학자들도 돈이나 명예, 좋은 집 같은 외적인 것을 좇는 것보다 진정한 자아를 깨닫는 것이 가장 현명한 일이라고 강조했다.

　"너 자신을 알라."에 대한 플라톤의 해석은 근대 철학과는 상당히 거리가 있다. 근대 철학에서 "너 자신을 알라."는 독특한 개체로서 자기 자신에 집중하라는 의미로 해석된다. 이런 해석은 본질에 대한 깨달음도 과거에 관한 문제도 아니며 모든 인간에게 동일하다는 좋은 삶과도 무관하다. 그보다 근대 철학에서 개인은 고유한 실재와 자아를 구축할 것을 요구받는다. 우리는 내가 누구이며 무엇이 되고 싶은지 규정할 수 있다. 이는 자신의 한계나 과거를 깨닫는 것이 아니라 그것을 극복하는 것이며 자신만의 삶과 미래를 만들어 가는 것이다. 이 점을 아주 명확히 주장한 철학자가 바로 니체와 사르트르다. 이들은 인간이 자기 삶의 주인이 되어야 한다고 말한다. 소크라테스가 삶을 부정한다고 비판한 니체는 자아는 물론 자기만의 가치도 스스로 창조해야 한다고 주장했다. 사르트르는 인간이 자기가 내린 선택에 의해 규정된다고, 즉 인간이란 자기가 만들기 나름이라고 믿었다. 이런 극단적이고 개인주의적인 자아실현과 자아 창조에 대한 믿음이 오늘날 자아 완성, 자아 향상과 결합하면서 완벽한 자아를 꿈꾸고 이를 위해 자아를 발전시키는 것을 갈망하게 되었다.

자아 완성이라는 개념 역시 그 뿌리는 고대 철학에 있으며 기독교 전통의 일부다. 아리스토텔레스는 자아 완성을 인간으로서 목적을 달성하는 것으로, 스토아학파는 자연 및 이성과 조화를 이루는 것으로 보았다. 기독교 철학(이를테면 아우구스티누스)에서는 자기 인식뿐만 아니라 자아 완성을 위해 노력하는 것도 중요하다. 자아 완성(완전함)이란 죄가 없고 도덕적으로 바른 상태를 말하는데, 이는 사후에나 성취할 수 있으며 그리스도가 그 전형이지만 인간도 그 목표를 향해 나아가야 한다고 주장한다. 아우구스티누스 이후 수 세기 동안 자아 완성은 세속과의 단절을 의미했다. 수도자의 삶을 선택한 사람들은 독신 생활을 했으며 훗날에는 수도원에서 공동체 생활을 하기도 했다. 수도자들은 금욕주의를 실천했는데 금욕주의는 '훈련'을 의미한다. 고대 그리스인들은 이 용어를 주로 운동과 관련된 육체적 훈련을 의미하는 데 사용했지만 수도자들에게 금욕주의는 검소, 절제, 육욕 억제, 극기, 때로는 육체적 고행을 의미했다. 당시 이것은 영적인 변화와 완성(격정을 통제하고 내면의 죄를 뿌리 뽑아 신을 온전히 사랑하는 것)에 이르는 조건을 구축한다는 뜻이었다. 중세에는 토마스 아퀴나스가 명저 『신학 대전』에서 다양한 수준의 자아 완성을 설명했다.

그 이후로도 자아 완성은 기독교 사상에서 중요한 개념으로 작용했다. 예를 들어 반종교 개혁 시대에 쓰인 『완덕의 길』에서 아빌라의 성녀 테레사는 카르멜회 수녀들에게 여러 단계에 걸친 기도를 통해 영적인 완성에 이르는 방법을 가르쳤다. 루터파와 칼뱅파는 현세에서 기독교적 완전 성화(聖化)를 이루는 것이 불가능하다는 입장이지만 퀘이커 교도나 웨슬리 감리교 같은 다른 개신교단은 기독교인의 완전 성화를 가르친다.

이런 기독교 사상과 관습은 고대 그리스 로마의 스토

아 철학에서 유래한 것으로, 스토아 철학은 자기 계발과 관련된 사상의 역사 전반에 걸쳐 엄청난 영향을 미쳤다. 스토아 철학의 가르침은 오늘날에도 여전히 유의미한 것으로 자주 권장된다. 스토아학파에게 자아 계발을 위한 노력은 지극히 중요한 요소였다. 자아 계발은 욕망을 다스리고 외부의 것에 휘둘리지 않도록 한다는 의미였다. 인간은 통제할 수 없는 것을 욕망해서는 안 된다. 대신 자아를 스스로 빚어낼 수 있다. 정신 수양을 통해 욕망을 더욱 잘 통제할 수 있다. 우리는 외부의 사물이 아니다.

서기 108년경에 고대 그리스의 철학자 에픽테토스가 가르친 내용을 제자 아리아노스가 정리한 『담화록』에 보면 사형 선고를 받은 한 남자의 이야기가 나온다.[1] 그는 자신이 죽어야 한다는 사실에 대해서는 어찌할 도리가 없다. 그러나 그 사실에 한탄만 할지 미소 지을지는 선택할 수 있다. 즉 자신의 인격을 지킬 수 있다. 강한 의지가 있는 인간은 고난을 견뎌 낸다. 중요한 것은 통제할 수 없는 상황 그 자체가 아니라 상황을 바라보는 태도와 시각이다. 우리는 인격을 갖추고 덕을 길러야 한다. 다른 사람의 의견이나 외적인 것에 마음을 두거나 걱정하지 말고 내 힘으로 할 수 있는 일을 해야 한다. 또 우리에게 주어진 것을 가지고 노력해야 한다. 에픽테토스는 이것을 주어진 재료로 최선의 결과물을 만들어 내며 자신만의 예술을 펼치는 직공에 비유했다. 중요한 건 배우고 실력을 향상하는 것이다. 우리는 자기 수양을 훈련해야 한다. 스토아 철학자들도 불교처럼 인간이 욕망의 노예가 되어서는 안 된다고 가르쳤다.

이후 로마 황제 마르쿠스 아우렐리우스가 스토아 사상을 로마 제국에 전파했다.『명상록』에서 그는 스토아 철학이 이야기하는 삶을 어떻게 실천할 수 있는지 기술한다. 로마의 유명한 스토아 철학자 중에는 세네카도 있다. 말년에 친구 루킬리우스에게 보내는 편지 형식으로 집필한『삶의 지혜를 위한 편지』에서 그는 영적인 삶과 스토아학파의 단골 주제인 죽음을 탐구한다. 세네카는 다음과 같이 말한다. 삶은 빠르게 흐른다. 인간은 종종 자신이 영원히 살 것처럼 굴지만 결국 모두 죽는다. 그러므로 우리는 죽음에 대해 더욱 신중히 고찰할 필요가 있다. 죽음은 언제나 현존하고 생각보다 더 가까이에 있다. 그러니 시간을 낭비하지 말고 중요한 것에 집중하며 자기 자신에게 진실해야 한다. 타인이 기대하는 대로 살아서는 안 된다.

헬레니즘 시대(플라톤과 아리스토텔레스 사후)에는

스토아 철학 외에도 여러 학파가 있었고 그 뒤로 로마 철학과 초기 기독교 철학이 생겨났다. 그중에서도 견유학파는 금욕주의를 주창하며 사회 규범을 거부했고, 쾌락주의자들은 적정 수준의 쾌락을 추구하고 두려움과 육체적 고통으로부터 자유로워져야 한다고 가르쳤다. 이들이 내놓은 방법은 스토아학파의 그것과 달랐지만 헬레니즘 시대의 철학 사상은 모두 자제심과 외부 세계로부터의 자율성을 강조했다. 그리스 도시 국가들이 쇠퇴한 이후 삶이 불안정해지면서 그리스인들은 의지할 것이 필요했다. 그들의 마지막 보루는 바로 자아였다. 이렇게 시작된 인간의 내적 여정은 이후 기독교인들, 현대에 이르러서는 자기 계발과 자기 관리에 열광하는 이들에 의해 성실하게 계승되었다.

프랑스 철학자 미셸 푸코는 섹슈얼리티의 역사를 다룬 후기 저작에서 고대와 초기 기독교 시대에 자기 자신을 아는 것은 물론 자신에게 관심을 쏟고 자신을 돌보는 일이 왜 중요한 목표였는지 설명한다. 자기 자신을 아는 것은 자아 성찰과 자기반성(이를테면 소크라테스 전통)의 일환이었을 뿐만 아니라 욕망, 특히 남성의 성적 욕망을 다스리는 금욕주의적 관습의 발전된 형태였다. 푸코에게 "너 자신을 알라."는 그가 말한 "자아의 해석"과 욕망의 해석을 실천하는 것을 의미한다. 마사 누스바움은 헬레니즘 시대의 저술에서 의학적 유사성을 찾아낸다. 가령 스토아학파는 심리 치료법, 특히 욕망을 치유하는 방법을 제시했다.[2] 그러므로 자기 계발에는 진단이 요구된다. 이것은 기독교 관습에도 늘 존재했다. 그러나 진단은 자성, 성찰, 마음의 문제일 뿐만 아니라 육체와 정신의 연습과 훈련도 필요하다. 고된 일이 아닐 수 없다. 푸코의 말을 빌리면 그것은 "인간이 자신에게 행하는 윤리적 작업"이다.[3] '동양'에서 명상에 집중한다고 본 푸코는 그런 명상을 넘어 이런 신스토아주의 관행의 수행적, 육체적 측면을 강조한다. 그리고 이것은 다시 본래 고대 그리스인들이 썼던 금욕주의의 뜻, 즉 훈련이라는 의미와 연결된다.

훗날 기독교에서는 여기에 고해 행위가 추가된다. 고해는 자기를 반성하고 그것을 말로 표현하는 것은 물론 타인인 사제에게 고백하는 일이다. 그러나 헬레니즘 시대와 로마 시대까지만 해도 핵심은 자기를 돌아보는 것이었다. 소크라테스가 『변론』에서 동료 시민들에게 내면을 돌볼 것을 촉구한 이래, 자기 인식은 좋은 삶에 도달하기 위한 조건으로 간주되었다. 푸코는 여기서 더 나아가 자기 자신을 이해하는 것이 고대인들에게 기술이

자 능력이었다고 주장한다. 그것은 단순히 외부의 금제를 따르는 것이 아니라 (칸트 이론에서처럼 스스로 규율하는 것은 더욱 아니고) 아름답고 선한 삶을 만들어 가는 일이라는 것이다.

푸코는 말년에 자조와 자기 변혁을 숭배하는 캘리포니아의 분위기를 접하게 되면서 온갖 성행위와 일탈(환각제 복용 등)을 경험했다.[4] 푸코가 '자아의 기술'이라는 용어를 사용한 것도 그즈음이다. 자아의 기술이란 "자기 나름의 방법 또는 타인의 도움을 받아 자신의 육체, 정신, 사상, 행위, 존재 방식에 일정 횟수의 작업을 수행하여 특정 상태의 행복, 순수, 지혜, 완전함, 또는 불멸을 획득하기 위해 자아를 완전히 변화시키는 것을 가능케 하는" 기술을 말한다.[5] 근대 제도에 의해 표준화되고 규율화된 자아는 이를 통해 승화되어 자기 계발과 자기 변혁을 실천하는 적극적인 자아로 대체된다. (다른) 히피들처럼 푸코 역시 자기 자신을 새롭게 창조하고 관리하고자 했다. 그러나 그는 당시 많은 사람들이 그러했듯이 동양의 지혜를 구하는 대신 서양 전통에 기반한 이론들을 비판했다.

다른 이들은 동양 철학과 수행, 특히 불교에서 영감을 얻었다. 구체적인 결과물을 목표로 하는 강박적인 자

기 계발은 불교 교리와 상충하고 자기 계발을 향한 현대
인들의 열망은 물리쳐야 할 에고의 요구처럼 보임에도
불구하고 불교 교리는 자기 계발에 자주 이용되고 일종
의 자아의 기술, 즉 자기 관리 행위로 간주되기도 한다.[6]
스토아학파와 마찬가지로 불교 역시 일체의 외적인 것
에 대한 집착을 버려야 한다고 가르치는데 이때 에고에
대한 집착과 자아가 불변한다는 환상 또한 버려야 한다
고 주장한다. 이는 고통을 줄이고 종국에는 고통을 끝내
기 위함이다. 불교에서는 탐닉과 집착이 고통의 원인이
라고 믿기 때문이다. 인간은 만족을 모른다. 이는 고통스
러운 일이다. 인간은 환생, 고통, 죽음의 무한한 윤회로
부터 자신을 해방하여 열반의 상태에 이르고자 애써야
한다. 불교는 이를 위한 방법과 기술을 제공한다. 덕을
실천하는 것, 실재의 본질에 관한 통찰을 얻는 것, 다양
한 종류의 명상이 여기에 해당한다.

　　불교 사상에 감화를 받아 생겨난 서양의 '마음 챙김'
은 호흡, 신체, 현재의 감각에 주의를 기울임으로써 지금
이 순간에 관심을 집중하는 수련이다. 처음에 이것은 수
도자나 히피들의 수행법으로 여겨졌으나 오늘날에는 자
기 계발 사상과 기술의 하나로 세계 곳곳에 퍼져 유치원
부터 기업의 중역 회의실까지 다양한 곳에서 실천되고

있다.

실제로 자기 관리나 자기 계발에 관한 고대 사상과 실천법은 오늘날에는 더 이상 반체제 문화가 아니라 완전히 주류가 되었다. 오히려 자기 계발은 이제 의무이다. '너는 너의 삶을 바꿔야 한다.' 독일 철학자 페터 슬로터다이크의 책 제목이다. 푸코와 마찬가지로 슬로터다이크도 자기 계발이라는 책무에 대한 '스포츠 정신'과 같은 표현법에 주목한다. "너는 너의 삶을 바꿔야 한다! …… 있는 그대로의 모습이 괜찮다고 여기는 내면의 무지렁이를 믿어서는 안 된다! …… 건강한 몸을 만들고 싶다는 생각을 저버리지 마라!"[7]

2장 앞부분에서 언급한 것처럼 슬로터다이크도 아스케시스(askesis)라는 단어가 고대 그리스어로 '연습' 또는 '훈련'을 의미한다는 사실을 지적한다. 고대에 그랬듯이 핵심은 반복적인 실천, 즉 수행 훈련을 통해 습관을 기르는 것이다. 금욕주의적 양생법과 이와 유사한 '인간공학'은 고대부터 기독교를 거쳐 오늘날에 이르기까지 발견된다. 슬로터다이크는 이러한 관행의 역사를 요약 정리한다. 예를 들어 세네카의 편지에는 영혼과 몸을 가꾸는 법에 관한 이야기가 나온다. 다양한 기술을 이용해 적극적으로 자아를 향상하고 완전하게 만드는 것이 핵심이다. 기독교 교부들은 고대 사상에서 많은 부분을 차용했고 여기에 영혼의 구원이라는 목표와 목회라는 개념을 추가했다.

사후에 출간된 『육체의 고백』에서 푸코는 목자의 비유를 일종의 공동체적 돌봄을 구축하는 것과 관련지어 설명한다. 목자는 사람들을 모으고 인도하고 먹을 것을 주고 보살피고 이야기를 전하는 힘이 있다.[8] 기독교 교회와 이후 등장한 근대 국가는 피지배층의 정신과 신체를 통제하고 푸코가 말한 '생명정치'를 통해 권력을 행사하기 시작했다. 이 안에서 자기 관리는 교회, 국가, 그리고 여기에 하나를 추가하면 기업의 관리에 의해 보완된다. 등록하라. 그러면 우리가 당신을 돌보아 줄 것이다. 그리고 푸코 이후 우리는 여기에 '우리가 당신을 훈육하고 당신에게 권력을 행사하겠다.'라는 뜻도 있음을 알고 있다. 이것이 자기 관리가 사라졌다는 의미는 아니다. 오늘날 자기 관리와 생명정치는 공존한다.

근대에 이르러 자기 관리와 자기 계발 행위는 개신교의 영향으로 속세와의 단절이나 내세의 삶과는 무관해지고 현세, 현재, 지금의 삶에 집중하게 되었다. 이제 인간은 자기가 얼마나 잘 지내는지, 얼마나 열심히 살고 있는지 보여 주어야 한다. 근면함과 생산성이 중요한 덕목이 되었고, 계몽 운동으로 인해 개인의 자율성까지 강조 되었다. 목자가 이끄는 자기 관리나 자기 계발 관행은 관심에서 멀어지고 초기 기독교 전통처럼 자아를 버리거나 불교처럼 자아로부터 초연해지려는 노력도 하지 않게 되었다. 대신 긍정적이고 개성 있는 자아를 창조하는 것이 핵심이 되었다. 막스 베버는 프로테스탄트, 그중에서도 칼뱅파의 윤리가 근대 자본주의 형성에 영향을 미쳤다고 주장했다.[9] 그러나 칼뱅파의 교리는 또 다른 종류의 기업가 정신의 토대가 되기도 했는데, 그것은 바로 '자아의 기업가 정신'이다.[10] 자아의 기업가 정신에 따르면 인간은 자신을 재창조해야 한다. 자아가 혁신의 대상이 되는 것이다. 우리는 할 수 있다.[11] 그리고 이번에는 구시대의 제도나 신, 사제, 심지어 스승의 힘을 빌리지 않아도 된다. 인터넷과 소셜 미디어로도 충분하니까. 혼자서도 가능하다. 유튜브가 있는데 개인적인 영적 조언자가 왜 필요한가?

그러나 모순적이게도 이런 자율성에 대한 믿음은 착각이다. 현대 국가와 기업들이 여전히 푸코가 이야기한 통제 권력을 행사하고 있기 때문이다. 그리고 그 권력을 행사하는 데 이제 AI를 포함한 디지털 기술을 이용한다. 국가와 기업 그리고 그들이 이용하는 기술이 새로운 목자가 되어 사람들을 모으고 인도하고 먹을 것을 주고 돌보고 이야기를 전한다. 그러나 이건 그들이 우리나 우리의 자기 계발 계획을 걱정해서가 아니라 우리의 데이터로 수익을 창출하는 데 관심이 있기 때문이다. 다시 말해 1970년대 히피식 자기 계발 행위가 1980~90년대에 신자유주의와 건강 자본주의에 순식간에 이용당한 것처럼, 인터넷과 AI 같은 디지털 기술도 본래 약속했던 자유 증대를 실현하는 데 실패했다.

오히려 21세기 초에 들어서자 자아 계발의 기술은 인간을 예속화하는 시스템과 긴밀하게 연결되었다. 우리는 수풀이 우거진 자기 계발 들판을 이곳저곳 돌아다닐 수 있고 최신 자기 관리 기술이라는 새파란 잔디도 밟아 볼 수 있다. 단 우리의 데이터와 돈을 넘겨주는 조건에서만 그렇다. 일반 대중은 데이터를 관리하는 업자들의 삼엄한 감시 아래 있을 뿐이다. 이것은 기껏해야 푸코가 추구한 것의 왜곡된 형태이며 고대의 자기 계발 기술이 성취하고자 했던 개인의 자율성과 정반대되는 것이다. 자본주의와 AI에 관해서는 4장과 5장에서 더욱 자세히 논의할 것이다.

AI가 도래하기 이전에도 인간에게는 AI보다 훨씬 더 친숙하게 느끼는 자기 계발 기술이 있었다. 지금 여러분이 손에 들고 있는 바로 이것은 르네상스 시대부터 현재에 이르기까지 인문주의가 낳은 결과물이다. 과거 철학자들과 성직자들이 그랬던 것처럼 인문주의자들 역시 배움과 자기 계발의 공동체를 이룩하고자 했다. 고대 현인들이나 기독교 교부들과 달리 이들에게는 마음대로 사용할 수 있는 새롭고 효과적인 기술과 매체가 있었다. 바로 인쇄기와 책이다.

인문주의 2.0 혹은 디지털 인문주의: 에라스뮈스부터 페이스북까지

슬로터다이크가 「인간 농장을 위한 규칙」에서 주장한 것처럼 책이 단순히 사람들을 길들이고 교화하는 데 사용된 것만은 아니다.[12] 책은 성찰과 자기 계발에 관한 고대 그리스와 로마 사상 전통을 전승하는 기술이자 매개체였다. 책은 자기 자신을 알고 돌보며 읽기와 쓰기를 통해 자신이나 다른 사람들에게 솔직하게 이야기하고 배움을 통해 정신과 육체를 발전시키고자 애쓰는 사람들의 공동체를 만들고 유지하는 데 사용됐다. 책은 자신을 갈고닦으며 인문학에 탐닉하는 사람들의 공동체를 낳았다. 이들은 글을 읽고 쓸 수 있고 자아를 최대한 발전시키며 인간성을 함양하는 사람들이었다. 그들은 가까운 친구, 상상 속의 친구, 코스모폴리스의 일원들에게 편지를 썼다. 중세 말, 근대 초기의 르네상스 인문주의자들은 세네카, 키케로를 비롯한 고대 사상가의 이론을 면밀하게 연구했을 뿐만 아니라(그래서 스토아 철학과 다른 고대 학파의 사상을 마치 제 것인 양 사용했다.) 고대 철학의 성찰과 자기 계발 방법을 받아들였다. 단 이전과는 다른 기술과 새로운 매체를 이용했다.

예를 들어 북부 르네상스의 가장 위대한 사상가로 널리 인정받는 에라스뮈스는 기독교 인문주의자이자 독립 학자였으며 "개인의 자기 계발 능력에 대한 인문주의적 믿음을 적극적으로 수용"한 다작의 작가였다.[13] 그는 고대 문헌을 원어로 읽어야 한다고 주장했고 교육을 장려했다. 또 어린이들이 교육을 받아 이성적 존재로서 잠재력을 키워 실현해야 한다고 주장했으며, 성경과 교부들의 문헌은 물론 그리스와 라틴어 고전(예를 들어 키케로)을 공부할 것을 권장하기도 했다. 자아 성장과 관련해서는 영적 자질을 발전시켜야 한다고 충고했다. 스토아학파의 영향을 받아 그는 정신을 성숙하게 하는 일의 중요성과 영혼의 즐거움을 강조했다. 에라스뮈스의『우신예찬』에 등장하는 우신은 세상을 비웃는다. 정치인들과 성직자들이 부패한 세상에서 자기 계발은 중요한 요소였다.

그러나 에라스뮈스가 남긴 저작, 그가 거둔 성공, 그가 16세기에 미친 영향력은 한 세기 전 요하네스 구텐베르크가 인쇄기를 발명하지 않았더라면 상상조차 할 수 없었던 일이다. 구텐베르크는 금 세공인으로 쌓아 온 금속에 관한 지식을 이용하여 기계적으로 움직이는 활자 인쇄술을 발명했는데, 이는 르네상스 사상가들이 대중과 소통하는 것을 가능하게 하고 유럽 곳곳에 학술 공동체가 구축되는 데 혁혁한 공을 세웠다. 에라스뮈스와 당시 종교 개혁에서 최대 맞수였던 루터는 모두 베스트셀러 작가였고, 두 사람의 사상은 인쇄술 덕분에 종교 및 정치 당국의 직접적인 통제를 벗어나 쉽게 퍼져 나갈 수 있었다. 인쇄술이라는 기술 혁명은 학술적 진보였을 뿐만 아니라 사회적, 정치적 진보이기도 했다.

인쇄술은 새로운 독자층도 만들어 냈다. 과거 읽기와 쓰기는 수도자나 지식인 등 소수 엘리트층이 독점적으로 향유했으나, 인쇄술이 발명되면서 선택된 극소수가 아니라 다수의 사람이 글을 읽을 줄 알게 되었고 20세기에 들어서자 일반 대중도 책을 읽기 시작했다. 대체로 이런 이야기는 디지털 기술, 특히 인터넷 발달이 오랜 인

문주의 문화를 종식시키고 말았다는 한탄으로 마무리된
다. 슬로터다이크도 다른 비관적 인문주의자들처럼 인
문주의가 고문서 보관소로 내쫓긴 신세라고 말한다. 내
생각은 다르다. 오히려 그 반대의 현상이 벌어졌다. 디지
털 기술은 고대와 인문주의 전통을 계승하고 있다. 단지
다른 매체와 다른 기술을 이용할 뿐이다.

　사람들이 점점 더 책을 읽지 않는다는 것은 사실일
테지만, 여전히 많은 사람이 읽는 것을 좋아한다. 그들은
이제 온라인에서 읽고 쓴다. 사람들이 온라인에서 읽고
쓰는 이유 중 하나는 성찰과 자기 계발을 계속해서 실천
하기 위해서다. 서구 세계에서 고대 그리스 시대 현인들
과 고대 로마 작가들에 의해 시작되어 이후 주교들과 성
인들에 의해 발화와 고백이라는 관행으로 변형된 바로
그것 말이다. 특히 소셜 미디어에서 사람들은 자아를 탐
구하고 자신이 되고자 하는 이상적 자아를 전시하며 자
기 계발 이야기를 고백한다. 직설적으로 말하면 가톨릭
신자처럼 자신의 죄를 고백하고 개신교 신자처럼 자기
계발 공동체에 자신의 성공을 자랑한다. 그리고 에라스
뮈스가 그랬듯 새로운 대중 매체와 기술을 사용하여 새
로운 커뮤니티를 형성한다. 유사 이래 이렇게 많은 인문
주의 작가와 독자가 존재했던 적은 지금껏 없었다고 해

도 과언이 아니다.

물론 이 새로운 형식의 디지털 인문주의가 고대 인문주의는 차치하고 르네상스 시대나 종교 개혁 당시의 인문주의와 완전히 같다고 할 수는 없다. 근대를 지나오면서 철저히 바뀌었기 때문이다. 인문주의 맥락에서 근대란 개인주의와 개성 있는 개인으로서 자아라는 강박이 점점 더 강해진 시기다. 불교의 수행은 말할 것도 없고 고대 현인들의 자기 관리, 아우구스티누스의 고백, 인문주의자들의 르네상스 구축의 핵심은 개인이 개성 있는 자아를 구축하는 것이 아니었다. 아우구스티누스의 『고백록』은 "주님, 당신께서는 위대하시고"로 시작하여 신에 대한 찬양이 한참 이어진 뒤에야 어린 시절에 관한 개인적인 이야기가 나온다. 그러나 이 역시도 모든 문장이 신과 관련되어 있다.

이런 현상은 근대에 들어서면서 급격하게 변한다. 루소의 『고백록』에는 루소 자신에 관한 이야기만 나온다.[14] 루소의 『고백록』은 이렇게 시작한다. "내가 이 책에서 그리고자 하는 사람은 바로 내가 될 것이다. 오직 나 자신. 나는 내 마음을 잘 알고 인간들을 이해한다. 나는 내가 지금껏 만나 본 그 누구와도 같지 않다." 여기서 그가 서술하는 독특하고 고유한 자아는 거짓 없고 진실된 자아다. "나는 내가 부도덕하고 비열하게 행동했으면 부도덕하고 비열한 대로, 선하고 너그럽고 관대했으면 또 그러한 대로 나의 모습을 있는 그대로 보여 주었다."[15]

현대인들은 '개성' 있고 '거짓 없는' 자신의 모습을 소셜 미디어에 전시한다. 그들은 자신을 '있는 그대로' 보여 준다. 그리고 자기의 이야기를 공유한다. 이런 현상은 모두 새로운 매체에서 일어난다. 사제나 신이 빠져도 고백의 목표는 여전히 자아 성찰과 자기 계발이다. 자기가 얼마나 발전했는지 측정할 수 있는 애플리케이션을 이용하여 사람들은 여전히 자기 자신을 파악하고 개선하는 일에 몰두한다. 친구들을 향해 글도 쓴다. 우리는 마셜 매클루언이 구텐베르크 은하계(인쇄술이 유럽 문화와 의식에 지대한 영향을 미쳤다는 개념이다.)라고 명명한 세계에 살고 있다.[16] 루소처럼 우리는 온라인에서 이렇게 이야기한다. "그러니 수없이 많은 나의 동지들이 내 주변에 모여들어 나의 고백을 듣게 하소서. 나의 타락에 탄식하고 나의 악행에 얼굴을 붉히게 하소서. 그러나 그들도 당신 옥좌의 발치에서 나와 같은 진솔한 태도로 자신의 마음을 털어놓게 하소서."[17] 모든 사람은 개성 있고 진실된 자아를 투명하게 전시해야 한다. 그 목적은 앎과 발전이다.

그러나 기술과 매체가 달라지면서 자기 인식과 자아 성찰의 본질도 바뀌었다. 문자는 대부분 이미지로 대체되었고, 정량적 지식은 특권을 누린다. 우리는 이미지와 숫자를 이용하여 판단하고 비교한다. 그리고 신의 옥좌의 발치가 아니라 '친구들'과 '팔로어' 발치 아래서 사적인 이야기를 늘어놓는다. 이렇게 자신의 이야기를 공유하고 비교하는 일은 정신적 고통을 불러일으킨다. 불안하고 걱정하고 초조해진다. 나를 뭐라고 생각할까? 나를 어떻게 판단할까? 나는 자기 계발을 충분히 하고 있나? 다른 사람들 눈에는 내가 어떻게 비칠까?

이런 고민을 이해하기 위해 루소로 돌아가 보자. 루소의 『에밀』은 자연 상태의 자기애(self-love)와 타인과의 관계 속에서 형성된 자기애(amour-propre)에 관한 이야기다. 자기 자신을 사랑하고 보존하기 위해 애쓰는 것은 자연스러운 일이지만 자기를 타인과 비교하기 시작하면 문제가 발생한다. 더 이상 만족하지 못하고 질투를 느끼며 남을 속이고 허영심이 많아지며 사악해진다.[18] 루소는 인간이 본성적으로는 선하나 사회에 의해 타락한다고 믿었다. 사회 속에서 사람들은 끊임없이 새로운 욕구를 품고 여론 제국의 신민이 되어 "다른 사람들의 판단을 자기 존재의 근거로 삼는다."[19] 이런 여론이 지배하는 현대

사회를 만든 것은 소셜 미디어다. 이곳에서는 '그들' 즉
'세인(世人, 하이데거의 개념 참조)'이 권좌에 오른다. 이
때문에 처음에는 인문주의적이었던 문화가 유해한 변종
문화로 변질되었다. 이 세계는 사람들을 불행하게 만들
고 일부는 죽음으로 내몬다. 정량화되고 데이터화되며
육체와 영혼이 발가벗겨져 전시되는 와중에 우리는 쉴
새 없이 비교되고 분류되며 평가된다. 인문주의 '친구들'
은 경쟁자이자 적이 된다. 루소처럼 쉽게 피해망상에 빠
지고 평가는 자기혐오로 끝이 난다. 이것은 절대 이길 수
없는 경주로 우리는 언제나 패자다. 우리가 하는 고백은
분석되며 평가는 명확하고 항상 똑같다. 부족해. 우리는
늘 탐탁하지 않다.

　　그러는 사이 기업의 데이터 감시자들은 자신들의 이
윤을 헤아린다. 만족할 줄 모르는 소비자(불교 교리에 따
르면 절대적 공포)는 광고계에서 가장 이상적인 표적이
다. 타인과의 관계 속에서 형성된 자기애의 형태로 자기
관리에 집착하는 사람들은 데이터 경제에서 더없이 좋
은 먹잇감이다. 그들은 계속해서 데이터를 생산하고 개
인 맞춤화된 광고를 순순히 받아들인다. 이런 맞춤형 광
고는 사람들이 수천 명의 '친구들'에게 공유한 마음속 비
밀을 수집하고 그들의 취향을 앞다투어 활용함으로써

새로운 욕구를 만들어 내고 이미 부자인 최신 기술 및 미디어 기업 소유주들의 배를 더 불린다. 그러는 동안 이런 도착적 형태의 후기 기독교식 고백과 신인문주의식 커뮤니케이션은 괴로움에 찌든 육체와 정신이 마침내 포기를 선언할 때까지 끊임없이 실패하고 패배하는 피지배자를 생산해 낸다. 자기 계발 문화와 개인적 성취를 이루어야 한다는 압박의 결합은 파괴적이다. 언젠가는 포기해야 하는 시점이 온다. 한병철이 『피로사회』에서 설명한 대로 "성과 주체는 더 이상 유능할 수 없다."[20]

그러나 신스토아주의나 후기 프로테스탄티즘, 신자유주의 문화가 우리에게 말하려는 것과는 반대로 실패가 우리 잘못인 것만은 아니다. 무언가를 개선하는 일이 개인의 책임만은 아니기 때문이다. 우리를 강박적이고 영원히 불행한 자기 계발 실천가로 만드는 사회 문화적 환경, 즉 이 현대 사회에도 주목할 필요가 있다.

3

특별한 나를 만들어야 한다
_자기 자신에게 집착하는 사회

오늘날까지 이어지는 근대적 자기 몰두와 개인주의 서사는 장자크 루소가 자신만의 독특한 자아를 다루면서 시작된 것이다. 심리학의 관점에서 보면 지나치게 자기중심적이고 사회적으로 고립된 상태는 위험하다. 사회학의 창시자라 할 수 있는 에밀 뒤르켐은 이것이 죽음, 특히 자살로 이어질 수 있다면서 이를 가리켜 '이기적 자살'이라고 했다. 그러나 이 용어가 암시하는 것과는 반대로 뒤르켐은 자살이 개인의 문제가 아니며 개인을 탓해서는 안 된다고 생각했다. 오히려 그는 사회 통합과 연대가 부재한 것이 문제라고 주장했다. 자기 계발에 대한 강박도 단순히 개인의 문제가 아니라 대개는 사회적 문제이기 때문에 사회 차원의 해결책이 필요하다는 것이다.

그렇지만 심리적 접근법은 이 문제를 심도 있게 고찰하는 좋은 시작점이 될 수 있다. 뒤르켐이 자기 몰두와 죽음 사이의 관계성을 최초로 발견한 것은 아니다. 서구 문화에서 오랜 세월 나르시시즘이라는 이름으로 잘 알려진 이 주제는 근대에 프로이트의 논문 「나르시시즘에 관하여」부터 오늘날 정신과 의사들이 사용하는 『정신 질환 진단 및 통계 편람』에 이르기까지 심리학 분야에서도 꾸준히 논의되어 왔다.(이 편람은 '자기애성 인격 장애'를 자신의 능력을 병적으로 과장하고 존경이나 인정을 과도하게 요구하는 특징이라고 정의한다.)[1] 루소 역시 나르시시즘의 위험성에 대해 이미 잘 알고 있었다. 그는 건강한 자연 상태의 자기애는 문제가 없으나 타인과의 관계 속에서 형성된 자기애는 그렇지 않다고 주장했다. 그가 1752년에 쓴 희극 『나르키소스: 자신을 사랑한 인간』에는 여자처럼 옷을 입은 자신의 초상화와 사랑에 빠지는 남자가 나온다. 남자가 실수를 깨달으면서 이야기는 잘 마무리되고 타인에 대한 사랑의 중요성이 확인된다.

오비디우스의 『변신 이야기』에 나오는 고대 그리스 신화 속 나르키소스는 루소의 나르키소스와 달리 불행한 결말을 맞는다. 이 이야기에는 에코와 나르키소스가 등장한다. 숲의 요정 에코는 숲을 거닐던 미모의 나르키소스를 보고 사랑에 빠진다. 에코의 구애를 거절한 나르키소스는 복수의 여신인 네메시스에게 벌을 받는다. 네메시스는 나르키소스를 연못으로 유인해 물에 비친 나르키소스 자신의 모습을 보게 한다. 그는 그것이 자기라는 것을 모른 채 자신의 모습과 사랑에 빠진다. 그러나 그 사랑은 보답받을 수 없는 사랑이었고, 결국 나르키소스는 죽는다.(어떤 버전에는 자살한다고 나온다.)

　나르키소스 신화는 나르시시즘과 자기 몰두가 심리적, 사회적 문제임을 지적하는 데 자주 사용된다. 하지만 자기 자신을 알고 발전시키려는 노력 자체는 문제 될 것이 없다. 이 노력이 문제가 되는 것은 루소가 지적한 대로 자기 몰두와 개인주의적 경쟁이 결합할 때다.『나르키소스』의 서문과 그 밖의 저서에 나타난 루소의 분석에 따르면 이것은 개인의 문제를 벗어난다. 문제는 사람들이 자신을 타인과 비교하고 돋보이려 애쓰는 사회에 있다. 루소와 뒤르켐은 나르시시즘 문제의 근원이 개인에게만 있는 것이 아니라 타인과의 관계 그리고 현대 사회에 있다는 데 의견을 같이한다. 역설적이게도 자기 몰두는 사회적 문제라는 것이다.

　더욱이 오늘날에는 소셜 미디어로 인해 사람들이 자

신의 이미지, 즉 자신은 물론 타인에게 비치는 모습에 더욱 집착한다. 자기 자신과 자기 이미지에 집착한다는 것은 더 이상 타인을 쉽게 받아들이지 않으며 진실한 관계(타인과의 비교를 통한 자기애가 아닌)나 타인에 대한 공감이 사라져 간다는 것을 의미한다. 유명한 고대 철학의 격언이 명령한 것처럼 나르키소스가 자기 자신을 잘 알았더라면 물에 비친 것은 자기 모습일 뿐이며 그런 자기애에는 좋은 결과가 따르지 않는다는 사실을 알았을 것이다. 나르키소스는 잘못된 형태의 자기애에 정신이 팔린 나머지 에코의 고통을 무시한 것은 물론 자기 보존 본능의 형태로 나타나는 인간 본성의 자기애마저도 상실하고 만다. 이 이야기가 현대 사회에 주는 메시지는 분명하다. 자기 몰두 형태의 자기 계발은 결말이 좋을 수 없고 종국에는 죽음에 이르게 한다는 사실이다. 더구나 현대 기술이 이런 잘못된 종류의 자기애를 부추긴다면 문제는 심각해진다. 컴퓨터나 스마트폰의 화면이 나르시시즘에 빠진 자아를 비추는 거울이 되면 타인과 공감하고 교유하며 주변 세계를 포용할 기회를 놓치게 된다. 그것이 우리를 파멸로 이끌지 않는 훨씬 더 나은 자기 계발 형태인데도 말이다.

정신분석가이자 MIT 교수인 셰리 터클은 저서 『외

로워지는 사람들』에서 핸드폰에 정신이 팔려 있으면 상
대방에게 충분히 관심을 기울이지 않는다고 주장한다.
또 로봇은 공감 능력이 없으며 오히려 이런 "관계형 인공
물"이 타인을 자아의 일부(정신분석학자 하인즈 코헛은
이를 '자기대상'이라고 불렀다.) 또는 객체로 보는 "또 다
른 나르시시즘의 가능성"을 야기한다고 주장한다. 그러
나 우리는 실제 사람들과 진짜 관계가 필요하다. 소셜 미
디어도 마찬가지다. 소셜 미디어에서 사람들은 '더 나은
자아'를 연기하고 자신의 비밀을 털어놓으며 불안해하
면서 동시에 그렇게 해야 한다고 느낀다. 우리는 지나치
게 자기 자신에 매몰되어 있고, 네트워크는 나르시시즘
을 부추긴다. 자기애는 물론 "너무 다치기 쉬워 끊임없는
지지가 필요한 인격"을 조장한다.

　여기에 실제 사람들은 필요 없다. "상황에 맞는 맞춤
연기"면 충분하다. 실제 사람들은 거의 상대하지 않는
다. 심지어 타인과 직접적인 접촉을 피하는 사람도 있다.
터클에 따르면 이미 전화 통화를 위협으로 느끼는 사람
들도 있다. 통화는 멀티태스킹에 적합하지 않아 방해가
될 뿐만 아니라 지나치게 직접적이라는 것이다. 너무 많
이 노출되면 너무 많은 것이 드러난다. 너무 어색하고 이
상하다. 타인은 문제, 즉 통제되고 관리되어야 할 대상이

다. 오늘날의 테크노컬처는 "나르시시스트의 방식대로 세상을 이해하기"를 장려한다.[2]

미국의 심리학자 진 트웽이와 키스 캠벨은 디지털 소셜 미디어의 엄청난 위력이 아직 다 드러나지 않았던 시기에 이미 나르시시즘의 부상을 목도하고 "나르시시즘의 확산"을 지적했다. 자기 자신에 지나치게 몰두하고 자신에 대한 비현실적인 기대를 품으면서 사람들이 우울해진다는 것이었다. 인터넷과 셀러브리티 문화는 나르시시즘을 자극하는 환경을 만드는 데 일조한다. 트웽이와 캠벨에 따르면 "인터넷은 사람들이 과장된 자아를 자기중심적으로 표현할 수 있게 만들었고, 이로 인해 사람들은 매일 자기 이미지에 대해 오랜 시간 골몰하게 되었다."[3] 두 사람은 이것을 두고 '나 좀 봐!' 사고방식이라고 불렀다.[4] (트웽이는 첫 저서에서 '나 세대(generation me)'라는 표현을 쓰기도 했다.)

사람들은 스스로 특별하고 소중하며 개성 있다고 생각한다. 불황과 치열한 경쟁의 시대를 사는 이 세대는 기대와 현실 사이의 거대한 간극을 경험한다. 소셜 미디어는 전혀 도움이 되지 않는다. 하지만 교육도 문제다. 부모와 교사들은 아이들의 자존감을 북돋워 주며 그들이 얼마나 특별한 존재인지 강조한다. 자신감은 좋은 것이다. 그러나 과도한 자신감과 자기 예찬은 문제가 있다. 트웽이와 캠벨은 인터뷰에서 자존감은 아무리 높아도 지나치지 않다고 믿는 엄마들의 견해를 탐탁하지 않게 여기는 할머니들을 만났는데, 두 사람도 "지나치게 높은 자존감"이 사람을 "오만하고 자기중심적이며 이기적이고 버릇없게" 만든다는 할머니들의 의견에 동의하는 듯하다.[5]

심지어 자기중심적인 사고에서 벗어나 타인에 대한 연민을 키우도록 도와주는 정신적 활동도 (적어도 서구에서는) 스콧 코프먼이 말한 '정신적인 나르시시즘'으로 이어질 수 있다. 여러 연구에 따르면 요가나 명상과 같이 에고를 잠재우는 것을 목표로 하는 정신 활동들이 역효과를 내서 되레 자기중심성을 강화하는 경우가 많다고 한다. 자기가 다른 사람보다 깊이 있다고 생각하고 자신을 아주 높이 평가하여 우월감을 느끼기 때문이다. 고대의 정신 수련 기술들이 에고를 초월하고 열린 마음을 함양하는 것이 아니라 에고와 자기 고양감을 강화하는 데쓰이는 것이다.[6] 결국 정신적 자기 계발은 환상에 그치고 오만하고 자기도취적인 인간이 되고 만다.

이런 비판은 새로운 것이 아니다. 서구 사회는 오랫동안 개인주의 문화로 비판받아 왔다. 일례로 19세기 초에 알렉시 드 토크빌은 미국인들의 마음이 사회로부터 멀어지고 있다고 평했다. 역사학자 크리스토퍼 래시는 디지털 기술이 대중화되기 전 TV 시대였던 1970년대에 이미 '나르시시즘 문화'를 언급하며 명성에 집착하는 세태를 꼬집고 경쟁 심화를 우려했을 뿐만 아니라 1960~70년대의 정치적, 영적 운동을 지적했다.[7] 자신의 베스트셀러가 나오기 몇 년 전에 발표한《뉴욕 리뷰 오브 북스》기고에서 래시는 당대 미국인들이 정치에 등을 돌리고 종교 내지 자기 성장 열풍에 빠져 있다고 분석했다.

유의미한 측면에서 삶이 개선될 희망이 보이지 않자 사람들은 영적인 자기 계발이 중요하다고 믿기 시작했다. 그에 따라 자신의 감정을 이해하고, 건강한 식사를 하고, 발레나 벨리 댄스를 배우고, 동양 철학에 몰두하고, 조깅을 하고, '공감'하는 법을 배우고, '쾌락에 대한 공포'를 극복하는 데 열심이다. 이런 행위들이 본질적으로는 무해하지만 일종의 프로그램으로 격상되고 '고유성'이나 '의식'과 같은 수사로 포장되고 있다는 사실은 최근의 정치적 혼란으로부터 도피하고자 하는 사람들의 마음을 나타낸다. 실제로 미국인들은 60년대, 폭동, 신좌파, 대학 캠퍼스에서의 분열, 베트남 전쟁, 워

터게이트, 닉슨 대통령뿐만 아니라 자신들의 집단적 과
거까지도 잊고 싶어 하는 것처럼 보인다.[8]

래시의 비판은 때때로 보수적으로 해석되어 젊은이
들의 자기중심성을 비판한 앨런 블룸의 견해와 연결되
기도 한다. 그러나 반대의 해석도 가능하다. 래시의 주장
은 자기 계발의 열풍 때문에 혁명이 중단되었다고 본 신
마르크스주의자의 실망감을 표현한 것일 수도 있다.[9] 래
시는 문화사가로서 새로운 세대가 자기도취적인 이유를
알고 싶다면 그들을 나르시시스트로 만든 사람들, 즉 그
들의 부모인 베이비붐 세대를 연구해야 한다고 주장했
는데, 일리 있는 지적이다. 그래서 나는 현대 사회의 자
기 몰두 현상을 이해하기 위해 반세기 전으로 거슬러 올
라가 1960~70년대 반체제 문화와 그 문화 속에 나타난
신기술 열풍을 살펴보려 한다. 당시 반체제 문화는 그것
이 수용한 기술만큼이나 주류였고 대중적이었다.

사이버 공간의 히피들

더 나은 세상을 만들고 싶다고 공언한 히피들의 소망
은 존 레넌이 노래한 꿈으로만 남았다. 실제로 베이비붐

세대는 매우 개인주의적이고 경쟁이 치열한 사회를 만들어 냈으며 래시가 비판한 통제 불능의 소비주의에 적극적으로 가담했다. "너 자신을 알라."에 충실하거나 완덕을 실천하며 고대 전통을 이어 간 이들도 마찬가지였는데, 이들은 고대 스토아학파와 기독교 수사들이 그랬던 것처럼 점점 살기 힘들어지는 사회와 과거 어느 때보다 인간에게 혹독해진 지구를 외면하는 방식을 택했다.

세대 전체가 근대적 자기 집착 문화에 영향을 받아 자기 자신을 발전시키는 데 골몰하기 시작했고 (성황을 이루던 자기 계발 산업에는 다행스럽게도) 절대 멈추지 않았다. 평생 학습과 평생 자기 계발이 모토가 되면서 그들은 서양 전통을 넘어 동양 철학의 관행을 가져오고 온갖 종류의 고대 의식과 치유법을 재해석하기 시작했다. 중세 암흑시대처럼 정신적 자기 고양과 금욕주의적 은거가 (자신들의 노동으로 지탱되는) 신자유주의적 자본주의라는 지옥 구덩이에서 행복에 이르는 유일한 길처럼 보였다. 이 세대의 좌우명은 사회 변혁이 아니라 자기 계발이었고 지금도 여전히 그러하다. 이들은 약물은 물론 수많은 책, 워크숍, 은거 수련, 뉴에이지 장비들을 자기 계발에 이용했다.

이때만 해도 가장 강력한 자기 계발 기계인 인터넷은

아직 널리 도입되지 않은 상태였다. 1980~90년대에 실리콘 밸리에서는 아주 범상치 않은 일들이 일어났다. 캘리포니아의 히피들이 최신 기술을 만나 굉장히 매력적인 산물을 만들어 낸 것이다. 그것은 히피들의 자기 계발 사상과 디지털 기술을 결합했다고 할 수 있는 개인용 컴퓨터, 인터넷, 훗날 우리의 삶을 지배하게 된 휴대폰과 스마트폰이었다. 프레드 터너가 지적했듯이 반체제 문화를 향유한 사람들은 록 음악, 엘에스디(LSD), 동양 종교뿐만 아니라 기술에도 관심이 많았다.[10] 컴퓨터는 더 이상 단순히 군산 복합체에 사용되는 기계가 아니라 사회적, 개인적 변화를 위한 도구가 되었다.

　스티브 잡스가 좋은 사례다. 잡스는 젊은 시절 선불교에 심취했고 엘에스디를 복용했지만 스티브 워즈니악과 함께 훗날 '맥'이라고 알려질 컴퓨터를 공동 개발했다. 이런 기술 개발은 본래 세상을 바꾸고 자기 자신을 변화시키려는 목적이었다. 개인용 컴퓨터라는 혁명은 자기 계발의 길 위에 찍힌 새로운 발걸음이었다. 초창기 애플은 "인간의 역량을 강화"하고 "인간이 생각하고 일하고 학습하고 소통하는 방법을 바꾸는 데 일조"하는 것을 사명으로 삼았다.[11] 1980년에 잡스는 컴퓨터를 "지성을 위한 도구"라고 불렀다.[12] 이후 인터넷은 새로운 세계,

사이버 공간을 탐험하는 도구가 되었다. 과거의 히피들은 개인의 해방을 찾아 사이버 공간을 배회하기 시작했다. 본래 세상을 바꾸기 위한 도구로 발명된 컴퓨터와 인터넷은 이제 자기 계발을 위한 수단이자 돈을 버는 수단이 되었다.

그러나 낭만적인 반체제 문화와 첨단 기술의 이런 놀라운 결합은 현대 사회의 자기 계발 문화가 지닌 모든 부정적인 측면 또한 강화했고 지금도 강화하고 있다.[13] 베이비붐 이후 세대들은 자아와 자기 계발에 더욱 집착하게 되었다. 더 좋은 성과를 내기 위해서라면 무엇이든지 했다. 운동, 요가(히피의 유산 중 하나)는 물론 약물(예를 들면 리탈린)을 복용하거나 상담 치료도 다녔으며 온갖 종류의 애플리케이션을 사용하여 새로운 능력을 기르고 자기 계발에 힘썼다.

프로이트 이후로는 고대 사상가들과 인문주의자들처럼 이미 알고 있는 자아를 계발하는 일만 중요해진 것이 아니라 개인의 무의식에 내재한 문제를 파악하는 것까지 요구되었다. 캘리포니아(역시나!)를 시작으로 상담 치료가 하나의 의무가 되었고 곧 세계 다른 지역에서도 그런 의식이 만연했다. 상담 치료를 받지 않는 사람은 게으르고 자기 계발을 제대로 하지 않는 것으로 여겨졌다. 파트너, 부모, 친구, 주변 사람들을 위해 우리는 모두 끊임없이 자기 자신을 개선해야 할 의무가 있다. 가장 중요하게는 자기 자신을 위해서 그렇게 해야 한다. 세상을 바꾸는 일 따위는 잊자. 스토아학파가 그랬듯 자기를 더 나은 사람으로 만드는 데 집중하는 편이 낫다. 이용 가능한 방법, 세러피, 기술을 모두 활용하여 자기 자신을 돌보고 가꾸어야 한다.

저서 『심리 치료라는 종교(In Therapy We Trust)』에서 에바 모스코위츠는 이 시대가 정서적 안녕에 지나치게 집착하고 심리 치료를 맹목적으로 믿는다고 지적한다.[14] 심리 치료는 기도를 대체했고, 사람들은 정신 상담 전문가들을 숭배한다. 감정은 너무나 중요해서 관리가 필요한 것으로 여겨진다. 사람들은 행복해지기 위해 노력하는 데 정신이 팔려 있다. 각종 치료법이 난무한다. 자기 계발 산업 전반과 마찬가지로 정신 건강 산업이 급속도로 성장하고 있다. 심리학자, 정신과 의사는 물론 온갖 심리 치료사, 상담사들이 떼돈을 번다. 만약 심리 치료나 상담마저도 성가시다면 간단하고 손쉬운 해결책이 있다. 항우울제 같은 약물이 바로 그것이다. 이런 현실의 역사적 배경에는 개인주의, 소비주의 문화, 종교의 쇠퇴, 대중 매체의 발달, 전쟁, 불행한 주부의 이미지가 있다.

모스코위츠는 1970년대에 감정을 솔직하게 드러내는 것이 장려되고 이후에는 죄책감을 고백하는 일까지 유행이었다는 사실을 지적한다. 그러면서 자기 폭로와 자기 계발 조언을 주로 담으며 수십 년간 전파를 탔던 TV 토크쇼 「오프라 윈프리 쇼」를 예로 든다.

그러나 이것은 시작에 불과했다. 그때까지 TV는 유명인을 주로 다루었지만 서서히 일반인에게로 관심을 확장하고 있었다. 이런 현상은 인터넷, 특히 디지털 소셜 미디어가 등장하면서 급변했다. 오늘날 대중은 자신들의 고뇌를 페이스북, 유튜브, 틱톡과 같은 플랫폼에 전시한다. 솔직한 감정이라는 명목 아래 이루어지는 고백과 쉽게 상처 받는 자신의 모습을 인정하는 일은 이제 유명인뿐만 아니라 평범한 사람들 사이에서도 공개적으로 이루어진다. 개인적인 고민과 번뇌를 타인과 공유한다. 감정과 심리적 문제를 관리하고 전시하는 일이 플랫폼이나 애플리케이션을 통해 중재된다.

심리 치료는 더 이상 정신 상담 전문가의 진료실에서만 이루어지지 않는다. 소셜 미디어의 커뮤니케이션 자체가 자기 폭로, 자기 인식, 자기 계발 문화의 일부가 되었다. 한때 상처 받은 영혼들의 비밀(신과 신의 중재자 또는 심리 치료사들에게만 전했던 이야기)로 여겨지던 것들이 이제는 만천하에 공개되어 거의 모든 사람이 안다. 이제 전문가뿐 아니라 소셜 미디어의 '친구들'도 자기 계발 조언을 한다. 어떤 의견도 환영이다. 모두가 나름의 유명인이 되어 자신의 감정과 마음을 까발리는 가운데 수천, 수만 명의 오프라가 지켜보며 한마디씩 얹는다. 자기 계발을 해. 그리고 너의 성공과 실패를 보여 줘. 크게 실패해도 괜찮아. 우리에게 다 털어놓기만 한다면. 그리고 약을 먹기만 한다면.

힙스터 실존주의

이러한 영향력과 관행에 더해 오늘날의 자기 계발 문화는 소비주의 힙스터 문화의 형태를 띤다. 소비주의 힙스터 문화는 자기 계발과 변화(사회 변화든 환경적 변화든)를 가져올 것으로 기대되는 모든 종류의 물건을 사고팔면서 부모 세대의 반체제 문화를 상품화하여 국민 총생산에 기여한다. 또 이 문화는 1960년대에서 유래한 또 다른 사상으로부터 간접적인 영향을 받았는데, 바로 실존주의다.

철학적 실존주의는 본디 오랜 역사를 지니고 있으나 이를 대중화하고 유행시킨 것은 프랑스 철학자 장폴 사르트르다. 1946년에 출간한 강연집 『실존주의는 휴머니즘이다』에서 사르트르는 실존주의의 제1원칙을 정의한다. "인간은 스스로 만들어 가는 존재에 지나지 않는다."[15] 철학 용어로 설명하면, 인간에게 본질은 없고 그저 존재한다는 뜻이다. 인간은 단순히 사물이 아니라 하나의 기투(project)다. 사르트르는 인간이 콜리플라워나 쓰레기처럼 본질을 지닌 객체가 아니라고 주장했다. 인간은 주체이고 미래를 향해 자기 자신을 내던지는 존재다. 자신과 자신의 삶을 디자인하며 자유롭다. 사르트르의 파트너였던 시몬 드 보부아르가 『제2의 성』을 통해 주창한 페미니즘의 언어를 빌리면, "여자는 태어나는 게 아니라 만들어지는 것이다."[16] 성(性)도 자아처럼 만들어진다는 의미다. 인간은 스스로 만들어 가는 것이라고 했으니 보부아르가 전하는 메시지는 다음과 같다. 여성들이여, 남자들이 자신을 만들거나 정의하게 두지 마라.

책 제목이 말해 주듯이 사르트르는 실존주의를 인문주의 전통 안에서 설명한다. 그러나 전통적 형식의 인문주의와 구분되는 한 가지 결정적인 차이는 "신뢰할 수 있는 인간 본성"은 더 이상 없다는 점이다.[17] 그는 고유하고 개성 있는 자아를 어떻게 정의하느냐는 각자 자신에게 달려 있다고 주장한다. 이것은 전통을 거부하는 근대적이고 개인주의적인 휴머니즘이다. 그러나 전통적 인문주의가 그러하듯이 사르트르의 실존주의도 핵심은 적극적인 자아 구축과 형성에 있다. 올리비아 골드힐의 말처럼 "사르트르는 최초의 자기 계발 전문가였다."[18]

1960년대에 사르트르의 실존주의는 전 세대에 영향을 미쳤다. 그리고 오늘날 자기 계발 문화에 다시 한번 수용되었다. 현대 사회의 자기 계발 문화는 소비 면에서도 고되다. 이제 단순한 실존주의 커피로는 부족하다. 특별한 종류여야 한다. 고유한 자아에는 고유한 상품이 필요하기 때문이다. 그러나 이런 고유함은 세부적인 특징에 있다. 그래서 노력이 필요하다. 바로 자아를 만드는 노력이다. 이는 절대 쉬운 일이 아니다. 어떤 경우에도 자기 취향에 맞는 커피를 주문하거나 자기 성격에 맞는 개를 들이는 것보다 훨씬 어려운 일이다. 이전 세대가 얻기 위해 고군분투했던 자기 자신을 규정하는 자유도 이제는 부담스러운 것이 되어 버렸다.

사르트르에게 영향을 미친 표도르 도스토옙스키는 이미 이 점을 명확히 파악하고 있었다. 『카라마조프가의 형제들』과 『지하로부터의 수기』에서 그는 개인의 자유와 선택이 감당하기 힘든 것이며 자유가 고통을 낳는다고 표현했다. 사르트르의 강연이 있고 얼마 되지 않아 미국의 철학자 마저리 그린이 출간한 실존주의 입문서의 제목은 『끔찍한 자유(Dreadful Freedom)』였다. 이 제목은 오늘날 자기 계발 문화 속 우리의 처지를 나타내는 것이기도 하다. 사르트르가 말한 것처럼 인간은 전통을 거부하고 "자유롭도록 운명 지어졌는데"[19] 이는 우리가 윤리적 선택을 내리는 것(도스토옙스키와 사르트르는 이 주제에 천착했다.)은 물론 자기 자신을 가꾸고 발전시켜야 할 운명이라는 의미다. 그렇게 하지 않는 것은 사르트르의 말을 빌리면 '자기기만'이고 인간의 실존적 자유를 부정하는 것이다.

실존주의의 핵심이면서 현대 자기 계발 문화에서도 여전히 중요한 용어가 바로 '고유성'이다. 루소는 이미 자신의 저서에서 고유성의 가치를 강조한 바 있다. 그러나 과연 고유성이란 무엇인가? 우리가 타인의 진정한 자아를 알고 싶어 하지 않을 수 있다는 견해(심리학자 애덤 그랜트의 말처럼 "모든 인간에게는 자신의 삶에 필수적이라고 생각되지만 말하지 않는 편이 나은 생각과 감정이 있다."[20])는 차치하더라도, 이 고유한 또는 '진정한' 자아를 어디서 어떻게 찾을 수 있는가는 명확하지 않다. 루소의 저작에서처럼 고유성이라는 개념은 자신만 독점적으로 접근할 수 있는 내면의 내밀한 공간이 있다는 가정을 전제하는 경우가 많다.[21] 인간에게 일종의 '본질', 즉 독자적이고 외부 세계에 좌우되지 않는 무언가가 있을 수도 있다. 그렇다면 그 본질은 어떻게 인식하는가? 그것은 선한가? 존재하기는 하는가?

키르케고르, 하이데거, 사르트르 같은 실존주의자들은 이 문제에 나름의 해답을 내놓는다. 바로 인간에게 본질은 없고 인간은 존재할 뿐이라는 것. 키르케고르의 표현을 빌리면 인간은 자기다워야 한다. 하이데거와 사르트르는 인간이 언제나 미래를 향해 기투한다고 생각했다. 인간은 객체가 아니다. 자기 자신이 어떤 인간인지가 언제나 화두이며 문제다. 고유성에 대한 사르트르의 관념은 자유에 대한 관점으로 연결된다. 그에 따르면 고유하다는 것은 주어진 것, '사실성'에 의해 결정되지 않는 것이다. 인간은 자신의 선택을 통해 자아를 구축한다.[22] 물론 제약도 존재한다. 하지만 스토아 철학을 급진적으로 해석한 사르트르는 모든 일이 각자의 해석과 신념에 달려 있다고 본다. 제약이 얼마나 크게 작용하는지도 각자 하기에 달렸다. 그러므로 우리는 자기다워진다는 것의 책임과 철저한 자유를 받아들여야 한다.

내면의 은밀하고 불변하는 고유한 자아라는 개념을 비판한 이들은 또 있다. 프로이트는 이미 자아가 파악하기 쉽다는 관념에 대해 의문을 제기한 바 있었다. 앞서 살펴보았듯이 미셸 푸코는 자아를 일종의 예술품이라고 보며 인간이 자아를 스스로 만든다고 주장하는 실존주의자들과 견해를 같이한다. 원하는 자아의 모습을 스스로 선택할 수 있다는 것이다. 불교 교리는 여기에서 한발 더 나아가 자아가 존재하지 않는 환상에 불과하다고 가르친다.[23] (하지만 일단 실존주의에만 논의의 초점을 맞춰 보자.)

스스로를 어떻게 만들지는 각자의 자유이자 책임이라는 실존주의 관점은 (공격적이라고까지는 하지 않더라도) 상당히 적극적인 자기 계발 문화의 철학적 공간을 열어젖히는 강력한 사상이다. 이 문화는 인문주의적이면서도 어느 정도는 포스트휴머니즘의 성격을 띤다. 불변하는 자아, 독특하고 고유한 자아라는 개념이 폐기되기 때문이다. 루소의 주장과는 달리 프로이트 이후 근대 후기에 들어서면 편안함을 느끼는 내면의 자아로 돌아간다는 위안이 사라진다. 그러한 자아는 철저하게 의문이 제기되고 때로는 완전히 폐기된다. 자신을 계발하고 싶다면 자아를 스스로 만들고 자아의 불안정성을 받아들여야 한다. 혹자는 자아를 괴상하다고 표현하기도 한다. 완전히 이해할 수도 완전히 지배할 수도 없기 때문이다. 심지어 그것은 사물도 아니다. 그럼에도 우리는 자아를 계발하라는 요청을 받는다. 우리는 실존주의자들로부터 자아를 스스로 만들어 가라는 과제를 물려받았지만 여전히 자아를 사물로 가정하며 구축하고 만들어 간다는 표현을 사용한다. 게다가 자아가 완전히 와해되었을 때 어떻게 안정된 자아를 새로 만들 수 있는지도 명확하지 않다.

개인주의나 자아도취, 방종으로 귀결되지 않는 고유성에 대한 다른 해석도 있다. 예를 들어 찰스 테일러는 자아 너머의 곳으로 이끄는 내면으로의 몰두를 의미하는 자기 초월성을 제안했다.[24] 자아를 넘어서는 것이 해법일 수도 있다. 그러나 그건 나중에 살펴보기로 하고, 먼저 오늘날 반드시 자아 계발을 해야 한다는 생각에 히피와 실존주의자들이 어떤 영향을 미쳤는지 더 자세히 알아보자.

자아와 자아의 고유성에 집착하는 실존주의-인문주의 문화와 그것이 초래한 문제들은 오늘날에도 계속되고 있다. 그러나 지금 우리는 사르트르와 사르트르 이전의 사상가들과는 다른 기술과 미디어를 사용한다. 소설을 읽고 쓰는 일은 적어도 디지털 기술이 가져온 다른 활동으로 어느 정도 대체되었다. 이제 각종 소셜 미디어,

블로그, 비디오, 웹사이트 들이 자아를 규정하는 특별 과제를 수행하는 현장이 된다. 책을 쓰고 읽으면서 이루어졌던 무언의 대화와 느린 속도로 진행되던 인문주의식 자기 계발은 필사적으로 탄생하려는 요란하고 시끄러우며 신속한 자아의 이미지로 대체되었다. 더 정확히 말하면 언제나 만들어지는 중이고 정기적으로 업데이트가 필요한 자아라 하겠다. 자아 성장을 도모할 시간이 없다. 자기 계발은 일종의 과제로서, 관리되고 평가되며 성과로 이어져야 한다. 매일 매시간, 가능하다면 매 순간 자아를 연기해야 한다. 우리는 마치 우리 삶이 (그리고 자아가) 좌우되기라도 하는 듯이 이곳저곳을 클릭하고 둘러본다.

실존주의에 기반하여 자아를 스스로 만들어야 한다고 생각하는 사람들은 책과 같은 인문주의 도구나 소셜 미디어와 같은 포스트휴머니즘 기술을 사용할 뿐만 아니라 자기 계발을 위한 상품과 서비스도 구매한다. 어떤 도움 없이는 자기 계발을 하지 않는다. 그들은 소비자의 의무를 다한다. 책을 사고 워크숍이나 강의에 참석한다. 특정한 하위문화(예를 들어 힙스터 문화)를 위한 시장이나 서비스라 하더라도 그 사실이 그런 소비주의의 본질을 변화시키지는 않는다. 진정한 실존주의자들이라면 이런 사실에 난색을 표할 것이다.

신자유주의 맥락에서 고유성을 위한 실존주의자들의 선택은 소비자로서의 선택으로 대체된다. 자아를 스스로 만들고 고유성을 지녀야 한다는 메시지는 광고와 마케팅을 통해 '고유한' 상품을 사야 한다는 요구로 전환된다. 이것이 바로 실존주의자들이 자기기만이라고 부르는 것이다. 이것은 우리가 선택할 문제가 아니다. 히피들과 실존주의자들의 사상은 본래 어떤 선의를 지니고 있었든 그 속에 어떤 가치를 담고 있었든 상관없이 상품화되고 악용된다. 1960년대 시인과 작가들의 사상은 돈으로 환산되고 사고팔 수 있는 상품과 서비스가 된다. 그리고 그 과정에서 인간 역시 상품화된다. 우리는 살아 있는 인간이 아니라 사물이나 물건, 상품으로 취급된다. 또 이런 자기 계발 문화에서 이익을 보는 사람들의 도구가 된다.

자아를 계발하는 활동과 기술은 자기 계발을 하려는 이들에게만 중요한 게 아니다. 자기 계발이라는 (포스트)휴머니즘 문화를 이용해 돈을 버는 사람들이 있기 때문이다. 이런 모든 부정적인 측면에도 불구하고 현대 사회의 자기 계발 문화가 왜 이토록 오래 지속되고 있는지 이해하려면 사회 경제적 차원, 특히 정치 경제적 측면을 들여다보아야 한다.

4
자기 계발인가 자기 착취인가
_감시 자본주의와 데이터 경제

플라톤과 아리스토텔레스의 철학은 부유한 젊은이들, 귀족, 군주, 황제들을 교육하기 위한 것이었다. 소크라테스는 부유하고 권력을 가진 젊은 남성들에게 정신을 수양하는 방법을 가르쳤고, 귀족 태생인 플라톤은 귀족정이 최선의 정치 형태라고 생각했다. 아리스토텔레스는 마케도니아의 군주이자 이집트부터 인도에 이르는 광활한 제국을 통치한 알렉산드로스 대왕의 스승이었다. 한나 아렌트가 『인간의 조건』에서 설명한 것처럼 고대 그리스의 정치적 자유는 노동할 필요가 없었던 이들만 누릴 수 있었다. 그 결과 당시 철학은 일반적으로 이런 자유인 남성들을 가르치기 위함이었고, 그들만을 위한 것으로 여겨지기도 했다.(소크라테스는 수호자 계급에 여성을 포함할 것을 제안했고 자신이 디오티마에게서 사사했음을 인정했지만 대화편에는 여성이 등장하지 않는다. 소크라테스는 젊은 남성들과 어울렸기 때문이다.)

이런 현상은 헬레니즘 시대와 로마 제국 시대에 이르면서 바뀌었다. 마르쿠스 아우렐리우스는 황제였고, 세네카는 시칠리아의 행정관이었던 루킬리우스에게 편지를 썼다. 그러나 2장에서 언급했던 세네카에게 영향을 미친 스토아 철학자 에픽테토스는 노예 태생이었다. 그의 이름은 '획득된'이라는 뜻이다. 그는 자산처럼 취급당했다. 자유를 얻기 전 에픽테토스는 로마 제국 네로 황제의 비서관이었던 부유한 남성의 노예였다. 때문에 그가 자신의 내면에 집중하는 철학을 주창했다는 사실은 그리 놀라운 일이 아니다. 주변 세계를 바꿀 수 없다면 깨끗이 잊고 괘념치 않는 수밖에 더 있겠는가? 자기가 자유인이든 노예든 죄수든 중요하지 않다. 아무것도 소유하지 못해도 상관없다. 어차피 외부 사물에 집착해서는 안 되기 때문이다. 자기 자신에 관심을 쏟고 정신을 함양하기 위해 노력해야 한다.

외부 세계에서는 주인에게 종속되어 자유롭지 않더라도 자기 자신을 다스리는 법은 터득할 수 있다. 그러한 내적 자유가 진정한 자유다. 이런 종류의 자유에 도달한 사람이 진정 자유로운 사람이고, 자기 자신을 다스리지 못하는 사람은 제아무리 황제나 지배자라도 실질적으로는 노예나 다름없다. 다시 말해 이것은 노예나 죄수와 같이 자유롭지 않거나 자유롭지 않다고 느끼는 사람들에게 이상적인 철학인 것이다. 게다가 이 철학은 사회의 근본 구조에 의문을 던지지 않기 때문에 노예제를 비롯한 다양한 형식의 억압과 헤게모니에서 이익을 보는 사람들에게 유용하다.

인문주의가 꽃핀 르네상스 시대에 에라스뮈스는 로마 가톨릭교회의 부패한 관행을 조롱했고 로마 교황청의 승진 제안을 거절했다. 그러나 가톨릭 신앙 자체나 교회의 정치적 권력을 부정하지는 않았다. 물론 마르틴 루터는 가톨릭 신앙과 가톨릭교회가 가진 권력에 반대했고 그럼으로써 상당한 정치적 영향력을 행사했다. 그를 중심으로 일어난 종교 개혁은 종교의 대변혁이자 정치적 혁명이었다. 그러나 그 모든 것이 봉건 사회 질서를 근본적으로 바꾸려는 의도가 있던 것은 아니었다. 기껏해야 개신교는 자본주의라는 새로운 헤게모니 질서를 탄생시키는 데 기여했을 뿐이다.(이 역시 막스 베버의 주장을 참고할 것.) 글을 읽고 쓰는 행위는 정치적으로 위험할 수 있고 루터는 대개 혁명가로 여겨지지만, 인문주의자들과 그들이 쓴 책은 당대 기존 사회 질서를 뒤엎을 만큼 위협적이지는 않았다. 모든 사람이 글을 읽을 수 있는 것도 아니었을뿐더러 루터와 그의 추종자들이 이후 수백 년간 장려한 보다 개인주의적인 방식이 항상 집단행동으로 이어지지도 않았기 때문이다.

　게다가 책과 인쇄술이라는 매체로 형성된 지식층은 왕과 군주의 권력에 딱히 도전하지도 않았다. 오히려 노골적으로 권력을 지지하는 경우도 있었다. 일례로 피렌체에서는 니콜로 마키아벨리가 신생 군주와 왕족들을 위한 지침서인『군주론』를 쓰면서 통치가 성공적이면 비윤리적인 수단의 사용을 정당화할 수 있다고 주장했다. 악랄한 행위나 계략도 군주의 권력을 보호한다면 용인된다는 것이다. 군주는 두려움의 대상이어야 한다. 그 두려움이 권력을 유지해 주기 때문이다. 마키아벨리의 견해는 통치자가 유덕하고 기품 있어야 한다는 에라스뮈스의 신조와 거리가 멀었다. 당시 왕족 사이에 큰 영향을 미쳤다는 사실은 두말할 필요도 없다.

　책 중심의 인문주의는 산업 사회의 자본가들에게도 유리하게 작용했다. 책이 사람들을 통제하기 쉽게 만들어 주었기 때문이다. 책은 교육이기도 하지만 페터 슬로터다이크가 말한 것처럼 일종의 길들이기, 더 정확히 말하면 자기 길들이기의 수단이다.[1] 만약 인간이 (니체의 주장처럼 단순히 무리 지어 사는 동물이 아니라) 슬로터다이크가 말한 대로 "스스로 지키고 보살피는 동물"이라면 이는 권력자들에게 매우 유용한 일이다. 여가 시간에 사람들이 책을 읽는다니 얼마나 좋은가. 이 말인즉 사람들이 일터에 올 때 이미 혹사할 수 있는 온순한 양이 되어 있다는 의미다.

　책을 읽고 자기 계발에 매진하느라 바쁜 온순한 휴머니스트 노동자들과 그들을 관리하는 감독관들은 사회의 사회 경제적 질서에 이의를 제기하는 일이 없다. 노동자들은 쉽게 훈육되어 일터라는 동물원 안에 갇힌다. 이미 교육을 통해 자기 수양이 되어 있는 데다 읽기, 가만히 있기와 같은 인문주의식 기술과 행위는 물론 다른 방식의 자기 길들이기를 통해 스스로를 구속해 왔기 때문이다. 슬로터다이크나 니체처럼 혹자는 책을 읽는 인문주의자들이 스스로 '상냥하고 충직한 개'가 되어 버린다고 말할지도 모른다. 이런 맥락에서 보면 자기 계발은 말 잘 듣고 온순한 개가 된다는 말과 같다. 『우상의 황혼』에서 니체는 개선에 대해 이렇게 말한다.

동물을 길들이는 것을 동물을 '개선'시킨다고 표현하는 것은 우스갯소리처럼 들린다. 동물원의 상황을 잘 아는 사람이라면 그곳에서 동물이 '개선'된다는 데 의구심을 가질 것이다. 그곳에서 동물은 쇠약해지고 덜 위험한 존재가 된다. 공포라는 우울한 감정을 통해, 고통을 통해, 상처와 굶주림을 통해 병약한 짐승이 된다. 길들여진 인간도 이와 다를 바 없다.[2]

니체는 『차라투스트라는 이렇게 말했다』에서 이런 병약하고 길들여진 동물의 대척점에 초인(Übermensch)을 놓았다. 초인은 고상하고 삶을 긍정적으로 보는 인간 이상의 존재다. 그러나 카를 마르크스는 자기 계발과 그것에 동반되어야 하는 사회 유형에 대해 다른 견해를 보였다. 마르크스 역시 인간의 고통에 천착했는데 그의 관심사는 특히 노동자의 고통이었다. 물론 인간은 발전과 자기 계발이 필요하다. 그러나 헤겔의 영향을 받은 마르크스는 진정한 자아실현이란 책을 읽거나 고상하게 보내는 여가 시간이 아니라 오직 노동, 더 정확하게는 자본주의가 아닌 환경에서 하는 노동을 통해서만이 가능하다고 주장했다. 자본주의는 소외와 착취를 통해 자아실현을 방해하기 때문이다.

『1844년의 경제학 철학 수고』에서 마르크스는 사람들이 생존을 위해 노동을 팔아야 하기 때문에 인간으로서 능력을 갈고닦을 수 없다고 주장했다. 사람들은 자신의 노동으로 만든 상품으로부터, 노동으로부터, 인간 본성과 자기 자신으로부터, 타인으로부터 소외된다. 때문에 자기 자신을 온전히 실현할 수 없다. 마르크스는 이후 『자본론』에서 노동으로 창출한 잉여 가치를 노동자 자신이 얻지 못하고 자본가들이 가로채 간다고 주장했다. 그러므로 진심으로 자아를 발전시키고 인간성을 실현하고 싶다면 사회 질서를 바꾸어야 한다는 것이 마르크스의 주장이다. 자본주의와 자본주의가 낳은 구역질 나는 소외와 착취를 끝내야 한다는 것이다.

그러나 마르크스도 충분한 임금을 지불하지 않는 데서 더 나아가 한 푼도 지불하지 않는 자본주의 형태가 도래하리라고는 내다보지 못했다. 그런 종류의 자본주의는 (『자본론』에 등장하는 뱀파이어 비유를 빌리면) 공장에서 일하는 사람들의 살아 있는 노동을 피 빨아먹는 것은 물론 이른바 여가 시간에 하는 자기 계발 활동까지 공략한다. 쇼샤나 주보프가 말하는 오늘날의 '감시 자본주의'는 인간 정신의 고군분투를 거름 삼아 성장한다.[3] 여기에는 자아와 자기 계발을 위한 (포스트)휴머니즘식 노력도 포함된다. 사람들은 디지털 기술을 활용하여 자기 계발에 힘쓸 뿐 아니라 그렇게 함으로써 자신들의 데이터를 이용하고 판매하며 자신들을 감시하고 교묘하게 조종하는 자본가들을 위해 공짜로 복무한다. 이렇게 현대 자본주의는 역설적이게도 자기 계발을 위협하는 것이 아니라 촉진한다. 자기 계발로 돈을 벌기 위해서는 그렇게 해야 하기 때문이다.

그러나 이 시스템이 제대로 작동하기 위해서는 일단 자아가 시스템의 감시 아래서 데이터화되고 정량화되어야 한다.

건강 자본주의와 자기 계발 산업

사람들의 자기 계발 활동으로 수익을 얻는다면 가장 먼저 떠오르는 것은 자기 계발과 관련된 각종 책, 워크숍, 강의, 심리 치료다. 이런 산업은 지난 수십 년간 엄청난 규모로 팽창해 왔다. 이런 현상은 자본주의 경제가 육체와 정신에 대한 개인의 '욕구'에 관심을 보이기 시작하면서 생겨났다. 기업들은 피곤하고 우울하며 불안과 정신적 공허함을 느끼는 노동자들과 소비자들이 '건강'을 제공하는 새로운 상품과 서비스에 좋은 먹잇감이라는 사실을 오래전부터 알고 있었다. 1960년대에 이미 허버트 마르쿠제가 주장한 것처럼[4] 여기에는 가짜 욕구를 창출하려는 의도도 있지만 실제 일어나고 있는 현상, 현대 자본주의 사회에서 사람들이 삶과 노동으로 언제나 피로함을 느끼고 과로에 시달리는 현실을 해결하고자 하는 목적도 있다. 이에 대해 기업들은 스트레스를 풀어 주고 기분을 낫게 해 주는 상품과 서비스를 제공하는 것으로 대응해 왔다.

건강 자본주의는 그렇게 탄생했다. 현재 전 세계 건강 산업 규모는 미화로 4조 5000억 달러에 이른다.[5] 미용실, 안티에이징 전문점, 영양 상담사, 체중 감량 프로그램, 피트니스, 전통 및 대체 의학, 스파 전문점, 건강 여행 상품 등은 오랜 사무나 배달 일로 지친 사람들의 기분을 낫게 해 주기 위해 만들어진 것들이다. 이런 식으로 사람들은 자본주의에 이중으로 착취당한다. 근무 중에는 더 많은 성과를 내기 위해 애쓰는 노동자로, 몸과 마음을 회복하는 여가 시간에는 '건강'을 소비하는 소비자로 말이다.

그러나 건강 자본주의는 휴식과 건강에서 끝나지 않는다. 또다시 자기 계발을 구호처럼 떠들어 댄다. 자신들의 제품과 서비스를 구매하여 휴식을 취하고 자신들의 조언을 구매하여 자아를 계발하라고 부추긴다. 그들에 따르면 지치거나 우울하거나 번아웃이 찾아오거나 불안에 휩싸이는 이유는 삶을 잘못 살고 있기 때문이다. 이제 문제를 해결하고 자기 자신을 발전시킬 때다. 이 영상을 보아야 하고, 이 책을 사야 하고, 이 프로그램에 등록해야 하고, 이 팟캐스트를 들어야 한다. 서문에서 언급한 것처럼 핵심은 바로 우리가 부족하다는 메시지를 던지는 것이다. 그들은 자기 계발과 자기 관리 기술이 삶을 잘 헤쳐 나가고 더 나은 삶을 살도록 도와주기 위함이라고 말한다. 있는 그대로의 모습으로 충분하다고요? 감히 어떻게 그런 소리를! 당장 일어나서 움직이세요. 자아 계발을 시작하세요! 우리의 코치, 애플리케이션, 자기 관리 도서, 자기 계발 강사, 학원, 여행 패키지, 정신 건강 프로그램이 당신을 도와줄 것입니다.

　이런 상품 중에는 특히 여성을 겨냥한 것이 많다. 미국의 경우 자기 관리 고객의 70퍼센트가 여성이다. 자기 관리 상품의 주요 고객층은 예전부터 중년 여성과 이제 60~70대에 들어선 베이비붐 세대였다.[6] 그러나 이제는 밀레니얼 세대도 베이비붐 세대와 함께 자기 계발 시장의 적극적인 소비자층을 이루고 있으며, 젊은이들은 마치 인생이 달려 있다는 듯이 자기 계발을 한다. 2015년 한 연구에 따르면 밀레니얼 세대의 94퍼센트가 자기 계발에 전념하고 있고 베이비붐 세대가 자기 계발에 쓰는 돈의 거의 두 배(한 달에 약 300달러)를 쏟아붓고 있는 것으로 조사되었다. 평균 월급은 베이비붐 세대의 절반밖에 되지 않는데도 말이다.[7]

자기 계발 산업계는 밀레니얼 세대가 계속해서 자기 계발에 집착하도록 온갖 노력을 다하고 있다. 그로 인해 밀레니얼 세대는 미국 자기 계발 시장의 성장을 주도하고 있는데, 2022년에 이르면 산업 규모가 130억 달러를 넘을 것으로 예상된다. 자기 계발 시장에 이루어지는 투자를 잘 보여 주는 예가 바로 영국 해리 왕자가 임원이 된 스타트업 회사다. 2021년 3월에 해리 왕자는 금융이나 예술 산업에 뛰어드는 대신 자기 계발 코칭을 전문으로 하는 실리콘 밸리 유니콘 기업에 합류했다. 이 회사는 "자신의 최고의 모습에 이르도록"[8] 도와준다고 선전하면서 밀레니얼 세대와 Z세대 사이에서 큰 인기를 얻고 있다. 정신 건강과 자기 계발은 그야말로 잘나가는 상품이다.

기술은 이런 건강 개선과 자기 계발 실천을 지원한다. 자기 관리 애플리케이션은 외국어나 코딩 학습, 명상, 수면, 운동, 요리 등에 이용된다. 휴식을 취하고 싶거나 능력 향상을 꾀한다면 그에 알맞은 앱은 얼마든지 찾

을 수 있다. 이런 앱들은 스트레스와 불안을 이겨 내도록
도와준다. 앱을 이용해 운동, 요가, 다이어트를 할 수 있
고 틱톡 비디오나 명상 팟캐스트도 이용할 수 있다. 유행
에 뒤떨어졌거나 남들과는 다른 방법을 찾는다면 책을
읽어도 된다. 명상 앱을 만드는 회사인 헤드스페이스와
캄의 수익은 급증했다. 경제 위기는 사람들의 기분에도
영향을 미쳤다. 헤스터 베이츠가 지적한 것처럼 코로나
팬데믹 동안 디지털 자기 계발 및 자기 관리 산업은 호황
을 누렸다.[9] 팬데믹 초기에 소파에서 뒹굴며 '게으름을
피우던' (다시 말해 종일 넷플릭스에서 영화만 보던) 사
람들은 점점 그 시간을 자기 계발에 이용하기 시작했다.
바깥 세계가 봉쇄되고 무서운 곳이 되어 버리자 관심을
내면으로 돌린 것이다.

　　상품화된 형태의 신금욕주의로부터 득을 보고 있는
자기 계발 산업의 규모는 과거 어느 때보다 커진 상태로,
이는 소셜 미디어에 의해, 자수성가 신화와 개인의 성장
에 집착하는 미국 문화에 의해 촉진되고 증폭되었다. "자
기 자신 또는 자신의 삶에서 향상, 상품화, 업그레이드,
학습될 수 없는 것은 없다."[10] 봉쇄의 시간을 자기 계발의
기회로 이용하는 것은 사람들의 바람이기도 했지만 예
상된 일이기도 했다. 소셜 미디어의 '친구들'과 다양한

애플리케이션들이 이미 오래전부터 사람들이 시간을 잘 활용하는지 지켜보고 있었기 때문이다.

그러나 이런 건강 증진 프로그램과 자기 계발 활동이 불안정한 사회에서 정신적으로 버텨 내도록 도와줄 수 있을지는 몰라도 더 행복하게 해 주지는 않는다. 오히려 반대다. 이미 논의했다시피 자기 계발 문화는 정신적 문제는 물론 죽음까지 불러올 수 있다. 그러나 자기 계발과 그것이 낳는 정신적 문제에도 모두 정치적, 사회 경제적, 이념적 측면이 존재한다. 그것들은 우리의 불행을 먹고 살고 사람들의 관심을 사회 변혁이 아니라 개인의 자조와 자기 계발에 돌리는 신자유주의와 자본주의 시스템을 떠받치며 심지어 이런 시스템에 의해 조장된다.

복지와 의료 혜택을 최소화하고 경쟁이 심한 노동 시장을 옹호하는 신자유주의 사회는 사람들에게 모든 일을 스스로 해결하기를 강요하고 자신을 상품으로 여기도록 부추긴다. 그렇다면 자기 계발은 자본가에게 꼭 필요한 것이다. 자기 계발은 그 자체로 영리 창출의 수단이면서 사람들에게 더 많은 스트레스를 안겨 준다. 사회 변혁은 여전히 요원하며 이런 현실은 자본가들에게 유리하게 작용한다. 이 주제에 관한 마르크스주의 연구를 소개하며 브라이스 고든이 말했듯이 오늘날 우울증과 불안으로 고통받는 사람들이 증가한 것은 단순히 심리적 문제를 넘어서 자기 계발과 자기 관리 유행과 밀접한 관련이 있다. 이 유행은 인터넷과 떼려야 뗄 수 없는 삶을 영위하는 밀레니얼 세대의 관심을 자극하며, 그 기저에는 "본질적으로 집단적 성격을 띤 문제에 대한 불완전하고 개인적인 접근법"[11]이 있다.

이와 관련하여 눈에 띄는 또 다른 인구 집단이 있다. 이들은 진보도 여성도 힙스터도 아니다. 보수적이고 출세 지향적인 남성이다. 고든은 젊은 우파 남성들이 남성성 같은 가치를 적극적으로 수용해 돈을 벌고 가족을 꾸리고 각종 세러피를 통해 자기 자신을 가꾸고 습관을 고치는 데 골몰하지만 동시에 기존의 권력 구조와 자본주의를 받아들인다고 말한다. 하지만 젊은 여성들도 넉넉하지 않은 소득으로 자기 계발과 자기 관리를 한다. 결국 모든 연령층이 소비주의 및 자본주의 형태의 자기 계발 문화를 지탱하는 것이다. 살아남기 위해서는 어쩔 수 없다. 그러나 그것은 단순히 자본주의에 대처하는 방법이 아니라 자본주의의 성장과 수명 연장을 돕는 것이다. 다시 말하지만 이는 강박적인 자기 계발 문화와 그것이 낳은 결과가 단순히 개인의 문제가 아님이 분명하다는 것을 의미한다. 물론 사람들은 우울과 불안을 느낀다. 그러나 개인적인 해결 방법으로는 부족하다. 제도적인 해결책이 필요하다. 고든에 따르면 마르크스주의가 제시하는 해결책은 다음과 같다.

> 우울과 불안의 증가를 효과적으로 해결하는 유일한 방법은 대다수 사람을 혼란스럽고 불안정한 처지로 몰아넣는 작금의 경제 질서를 끝내고 인간의 욕구를 우선시하는 질서를 구축하는 것, 즉 자본주의를 전복하고 사회주의를 세우는 것이다. 그러나 그것은 역기를 들거나 촛불을 밝히는 것으로는 이룰 수 없고 반드시 일원화된 집단행동을 통해서만 도달할 수 있다.[12]

자기 계발 문화는 문제를 개인적 차원에서만 해결해야 한다는 사상을 장려함으로써 노동 시간과 여가 시간에 벌어지는 다양한 자본주의적 착취와 소비를 옹호한다. 더구나 오늘날에는 불안한 고용 환경에 처해 있는 사람이 많다. 실업자들은 언제나 취업을 준비해야 하고, 직장이 있는 사람들도 언제나 실직에 대비해야 한다. 실업자와 취업자 모두가 적극적으로 실천하는 각종 형태의 '자기 계발'은 그들을 끔찍한 처지로 몰아넣은 바로 그 제도와 이념이 존속하는 데 기여한다. 니체의 언어를 빌리면 인간은 스스로를 길들이고 자본주의는 그것을 통해 돈을 번다.

건강을 파는 자본주의가 노동자들에게 어떤 영향을 미치는지는 2021년 5월에 아마존이 워킹웰 프로그램의 일환으로 도입한 아마젠 박스의 사례를 통해 잘 알 수 있다. 아마젠 박스는 아마존 창고 한가운데 설치된 공중전화 부스처럼 생긴 박스로, 과로에 시달린 노동자들이 마음 챙김과 같은 정신 건강 관련 영상을 시청할 수 있도록 만든 곳이다. 이 "절망의 벽장"을 다룬 기사가 설명하듯이 이 부스 안에서는 "비명을 질러도 들리지 않는다."[13] 아마젠 박스는 여론의 호된 비판을 받았다. 임금이나 노동 환경을 개선하는 대신 노동자들에게 실질적인 문제 해결에는 도움이 되지 않는 기술적인 자기 관리 솔루션을 제공했다는 이유에서였다. 진짜 문제는 노동조합 설립을 적극적으로 방해하고 배달 기사들에게 소변을 물병에 보게 했다는 의혹까지 일고 있는 자본주의 시스템의 노동자 착취에 있는데도 말이다.

더 보편적인 문제는 고든 헐과 프랭크 패스콸리가 지적한 것처럼[14] 미국 노동자들을 위한 건강 증진 프로그램이 고용주들에게 노동자에 대한 통제를 강화하는 기회를 제공하고 업무 현장을 가정이나 노동자들의 육체로 확대한다는 사실이다. 이는 또 정책적 해결책이 부재한 상태에서 전적으로 노동자 스스로 건강을 책임지게 만들어 건강 관리의 민영화와 탈정치화를 촉진한다. 건강이 나빠지는 일이 공공의 문제가 아니라 개인의 문제가 되는 것이다.

그러나 자조 산업과 건강 자본주의의 발흥만으로는 부족하다는 듯 자본주의는 사람들의 문제와 자기 계발 활동에서 수익을 창출하는 또 다른 방법을 발견했다. 바로 데이터를 수집하고 파는 것이다. 카리사 벨리스가 저서 『프라이버시가 권력이다(Privacy Is Power)』에서 분명하게 지적한 것처럼 이 데이터 경제는 단순히 개인 정보 침해나 제삼자가 데이터를 관리한다는 문제에 그치지 않는다. 이것은 자본주의적 착취에 관한 문제이기도 하다. 우리는 자기 계발에 유용한 소셜 미디어와 앱을 사용할 때 콘텐츠와 데이터도 생성해 내는데, 이런 식으로 크리스티안 푹스가 말한 '디지털 노동'을 한다.[15] 다시 말해 이 콘텐츠와 데이터를 광고주들에게 파는 사람들을 위해 일한다. 이 과정에서 19세기나 오늘날 전 세계 많은 나라의 노동자들처럼(미국과 같이 소위 잘산다는 나라에서도) 만들어 내는 가치에 비해 턱없이 낮은 임금을 받는다. 아니, 아예 한 푼도 받지 못한다. 단 한 푼도. 이렇게 자기 계발은 제3의 착취 방법이 된다.

　게다가 최소한 눈에 보이는 거래가 수반되는 다른 유형의 착취와 달리 보통 이런 데이터 경제는 겉으로 드러나지 않는다. 우리는 자신을 위해 노력하고 있다고 생각하지만 실제로는 IT 기업들과 그들의 고객을 위해 수익을 창출해 주고 있는 것이다.

　AI는 이러한 문제를 더 증폭시킬 것으로 예상된다. 고도의 자동화와 대량 데이터 생성 및 분석으로 노동자 착취의 가능성이 일터를 넘어 가정으로 확대되기 때문이다. 자본가의 착취는 이제 산업 현장에서만 일어나지 않고 사적 영역까지 침범한다. 우리는 데이터를 생산해 주는 가축과 다름없으며 끊임없이 추적되고 감시당한다. 여기에는 자기 감시도 포함된다. 노예처럼 부릴 필요도 없다. 사람들이 스스로 그렇게 하기 때문이다. 데이터 기술은 푸코가 언급한 병원이나 감옥에서 흔히 볼 수 있는 감시 체제를 필요로 하지 않는다. 사람들은 온갖 자기 계발 앱을 이용하여 자기 자신을 추적하고 행동을 기록한다. 20세기의 정보기관은 감히 꿈꾸지도 못했던 세상에서 우리는 스스로를 24시간 감시 체제에 몰아넣은 채 얌전히 자신에 관한 데이터를 생산하여 그것을 상품화하는 기업들에 업로드한다.

게다가 AI는 마르크스가 살았던 시대의 기계들과 달리 인간의 신체적 능력은 물론 인지 능력과 감정에까지 영향을 미치는 새로운 착취 기계다. AI가 수행할 수 있는 과제가 점점 늘어나면서 이제는 '이해', 글쓰기, 관리, 행정, 감정 상태 '읽기'와 같은 일도 처리할 수 있다. 이로써 일터 안팎에서 인간을 조종하고 착취할 수 있을 뿐만 아니라 기계가 인간을 대체할 수도 있게 되었다. 개인적인 자기 계발만 봐도 코치나 치료 전문가들이 앱으로 대체되고 있지 않은가.

AI가 인류의 쇠퇴를 가져올 거라고 주장하는 이들도 있다. 트랜스휴머니즘적 가속주의 사상을 비판적으로 논의한 닉 다이어위더포드와 동료들의 저작 『비인간 권력(Inhuman Power)』을 보면 이런 견해가 등장한다. 현대 사회의 인간이 더 이상 기술 자본주의 제도에 맞지 않는다면, 인간은 향상되거나 기계로 대체되어야 한다. 번아웃이나 우울증에서 알 수 있듯이 인간이 이 사회를 더 이상 감당할 수 없다면 인간은 더 이상 필요가 없다. 그러면 기껏해야 남는 것은 기술적 자기 계발, 인간을 업그레이드하거나 새로운 종류의 인간을 창조해 내는 것이다. 트랜스휴머니즘을 옹호하는 기술 자본주의자들은 속도가 느린 인문주의적 자기 계발에 인내심을 잃어 가고 있

다. 다음 장에서 논의하겠지만 그들에게는 사이보그나
로봇이 필요하다. 다이어위더포드와 그의 동료들에 따
르면 AI는 이미 자본의 도구가 되어 부와 권력이 소수에
게 집중되는 세상을 만들고 있다.

　따라서 니체 철학, 특히 마르크스주의에 근거하여 분
석을 진행한 이들은 다시 한번 개인 차원에서만 해결책
을 찾을 것이 아니라 제도를 바꾸어야 한다고 주장한다.
그러나 자기 계발 문화는 사람들이 사회 전체를 바라보
지 못하게 하고 개인적인 해결책에만 집착하도록 조장
한다. 그 방법 중 하나가 바로 자기 계발을 자기 착취 형
태로 만드는 것이다. 직장에서는 여전히 관리자를 탓하
거나 노동을 통해 돈을 벌 수 있지만(이마저도 바뀌는 추
세다. 많은 사람이 울며 겨자 먹기로 자영업에 뛰어들고
기계의 감독을 받는 노동자도 점점 늘고 있다.) 스스로를
착취하는 자기 계발에서 비난할 사람은 자기 자신밖에
남지 않는다. 성과에 집착하는 사회에 대한 한병철의 분
석은 소위 자기 계발 사회에도 적용된다. "착취자는 동시
에 피착취자다. 가해자와 희생자가 더 이상 구별되지 않
는다."[16] 자아를 계발하고자 하는 사람은 바로 우리 자신
이다. 그러므로 결국 불평은 모두 자기 자신에게 향하게
된다. 착취가 자기 착취로 재규정되면서 자본주의 시스

템은 여전히 아무런 도전도 받지 않는다.

　게다가 우리가 자아 계발에 매진하는 동안 계발하려는 자아와 그런 자아에 대한 인식은 매우 구체적인 방식으로 형성된다. 이것은 인문주의 시대와 초기 근대에 나타난 자기 인식 및 자아 형성과는 다른 방식이다. 오늘날 우리의 자아는 감시 아래 놓여 있을 뿐만 아니라 '정량화'된다. '자기 정량화(quantified self)'라는 용어는 건강이나 운동 관련 기록 같은 개인 데이터를 수집하고 분석하는 방법과 기술을 가리킨다. 그러나 이것은 자아를 이해하고 형성하는 구체적인 방법을 규정하는 데도 쓰일 수 있다. 우리는 온라인 쇼핑을 하거나 공항에서 탑승 수속을 밟거나 행사에 등록할 때 자신의 활동을 기록하는 장치를 이용하고 알고리즘에 의해 검색되고 분류된다. 그러면서 더 이상 자기 자신을 인문주의자가 쓴 편지나 자전 소설처럼 느린 속도로 진행되고 모호하며 다층적인 이야기 속의 복잡다단한 인물로 인식하지 않는다. 대신 자기 자신을 집합적 데이터, 디지털 프로파일, 수행 능력을 나타내는 숫자로 파악한다. "나는 누구인가?"라는 질문은 더 이상 인문주의 시대처럼 괴롭고 힘든 글쓰기나 읽기를 요구하지 않는다. 이미 알고리즘에 의해 답이 나와 있기 때문이다. 자아를 분석하는 신기술은 언제든 우리가 누구고 무엇을 원하며 자기 자신에 대해 무엇을 알아야 하는지 알려 줄 준비가 되어 있다. 물론 어떻게 자아를 계발하는지도 포함해서 말이다.

다음 장에서는 AI가 어떻게 새로운 형태의 자기 인식을 촉진하는지, 인체 향상이라는 매우 구체적이고 기술적인 형태의 자기 계발에 AI가 어떻게 사용되는지 심도 있게 논의할 것이다. 그에 앞서 기술과 사회의 관계에 대해 조금 더 자세히 알아보자.

테크노 솔루셔니즘과 계급 표시

앞서 오늘날 자기 계발 문화가 개인과 개인의 문제에 집중함으로써 사회 문제에서 관심을 돌리게 한다는 사실에 대해 논의했다. 복잡한 사회 문제의 해결 방법으로 기술이 제시될 때도 유사한 속임수가 작동한다. 테크노 솔루셔니즘이라고 부르는 이것은 실리콘 밸리는 물론 현대 사회의 테크노컬처 전반에 만연해 있다. 대표적인 사례가 바로 일론 머스크가 개발한 하이퍼루프 프로젝트다. 하이퍼루프는 낮은 기압을 이용하여 공기 저항을 거의 받지 않고 초고속으로 이동할 수 있는 캡슐형 자기 부상 열차다.[17] 머스크는 교통 체증(예를 들어 LA와 샌프란

시스코 사이)에 대한 해결책으로 이 기술을 제안했지만, 정작 캘리포니아의 교통 시스템이 복잡한 사회 문제라는 사실은 간과한다. 문제를 다층적으로 분석하거나 다른 방법(가령 대중교통을 늘린다든지, 교통 법규를 개선한다든지)을 고려하는 것이 아니라 기술적 해결책, 말 그대로 일종의 편법을 내놓는 것이다.

자기 계발 문화와 그것이 제기하는 문제라는 맥락에서도 마찬가지로 테크노 솔루셔니즘은 문제의 복잡한 사회적 측면은 고려하지 않고 개인 차원에서 기술적인 해결책을 제시하는 것을 의미한다. 이를테면 명상 애플리케이션을 통해 불안을 해소하라 하지만 불안을 초래하는 사회적 조건(불안정한 노동 환경이나 주류 언론이 조성하는 공포감)은 무시되는 식이다. 그것은 사회 경제 제도, 현대 사회, 청년 문화 등 사회 환경이 어떻게 우리에게 성과를 내고 경쟁하고 외모를 가꾸고 완벽한 배우자가 되고 자기를 계발하라고 압박하는지 고민하는 대신 개인에게 각자 약이나 전자 기기를 이용해 심신을 고양할 것을 제안한다. 앞서 언급한 자기 길들이기나 자기 착취와 마찬가지로 이것은 어떤 사악한 무리의 음모가 아니다. 사람들은 개인주의와 테크노 솔루셔니즘이라는 이념에 젖은 사회가 장려하는 효과 빠른 해결책을 스스로 원하고 또 그것이 옳다고 믿는다. 이를테면 집단행동을 통해 사회를 변혁하거나 인문주의자들의 방식대로 천천히 자기 자신을 성장시키는 것은 너무 고된 일이라고 여긴다. 대신 기술적 편법의 형식을 취한 신속한 해결책이 크게 환영받는다. 자기 계발을 위한 기술이 병들고 불공정한 사회를 해결하기 위한 하이퍼루프인 셈이다.

사실 하이퍼루프의 경우처럼 평등과 정의에 관한 문제를 인식하는 것은 좋은 일이다. 불공정은 대개 정치적, 사회적 문제이지만 자기 계발 기술도 이런 문제를 제기한다. 모든 사람이 자기 계발에 몰두할 시간과 돈이 있는 것은 아니며, 기술적 해결책을 획득하거나 자기 계발을 손쉽게 할 수 있는 돈과 시간이 있는 것은 더더욱 아니기 때문이다. 여기에는 (눈에 보이지 않는) 다양한 형식의 배제와 소외가 존재한다. 설사 소외되는 사람이 없더라도 특권층이 자기 계발 기술과 방법에서 다른 사람들보다 더 많은 이득을 본다는 사실은 분명하다. 그렇다면 자기 계발은 기득권 중산층의 전유물일까? 아니면 각기 다른 계급이 각기 다른 자기 계발 기술을 이용하여 각기 다른 문제를 해결하는 것일까?

먼저 첫 번째 주장은 그럴듯하게 들린다. 제이슨 테비는 빅토리아 시대의 상류층과 현대 엘리트층을 비교하는 글에서 자기 계발이 여전히 계급 표시의 도구라고 주장했다.[18] 그는 19세기 상류층이 빌둥(Bildung), 즉 음악을 듣거나 외국어를 배우거나 견학을 하며(연주회나 자연이 대개 그런 현장으로 이용되었다.) 교양을 쌓고 자기 계발을 하느라 바빴던 것처럼 현대인들도 피트니스, 요가, 유기농 식품, 온갖 형태의 절제와 극기를 수단으로 덕과 수양을 과시한다고 이야기한다. 비만은 정신적 나약함의 증거로 간주된다. 하층 계급이 자기 자신을 통제하지 못한다고 여기기 때문이다.

더구나 자기 계발에는 돈과 시간이 필요하다. 상류층 부모들은 자녀를 비싼 클럽에 보낼 수 있고 그들의 '빌둥'을 도울 시간이 있고 일류 대학에 들어갈 수 있도록 준비시킬 돈이 있다. 반면 노동자 계급은 희박한 출세 가능성이 본인 탓이라는 이야기를 들으며 산다. 그렇게 자기 계발은 '부르주아 가치의 표지'이자 사회 불평등을 유지하는 수단이 된다. 자기 계발은 덕을 표시하는 수단(프로테스탄티즘에서 유래했다.)이자 계급 표시의 수단이다. "내가 얼마나 잘 살고 있는지, 내가 다른 사람들보다 얼마나 더 잘났는지 보라고!" 세대 간 정의 문제를 의식하는 사람이라면 이렇게 말할 수도 있겠다. "부모 세대만큼 다 가지지는 못했을지라도, 나는 자기 계발을 하고 있다고!"

　둘을 구분 짓는 것이 흥미롭긴 하지만, AI와 자기 계발 기술의 문제도 마찬가지라 할 수 있다. 두 번째 주장이 지적하는 것처럼 각기 다른 계급이 각기 다른 기술을 사용하는 것은 당연하다. 하층 계급에는 감시 카메라가, 신빅토리아 힙스터들에게는 자기 계발 앱이 사용되는 것처럼 말이다. AI를 비롯한 디지털 기술은 단순히 자기 계발을 위한 기술이 아니다. 그것은 계급 기술이기도 하다. 자기 계발 문화가 부유층에서 서민층으로 (재정적 자원은 동반되지 않은 채) 흘러 들어간다고 해서 반드시 평등을 가져다주지는 않는다. 모든 사람이 자기 계발을 하지만 어떤 사람들은 다른 사람보다 더 효과적으로, 그리고 다른 방식으로 자기 계발을 하는 것이 사실이기 때문이다. 특권층은 능력을 향상하는 데 기술을 이용할 수 있지만, 다른 사람들은 실제 자기 계발이나 계급 상승은 이루지 못한 채 오락 목적으로 또는 자기 자신을 길들이는 데 기술을 이용할 뿐이다. 게다가 인간의 능력을 향상하는 기술은 그것을 구매할 여력이 있는 사람만 이용할 수 있다. 이런 사실은 능력 계발이 가능한 특권층과 능력 계발이 되지 않거나 덜 되는 비특권층 사이에 간극을 초래한다.

　그러나 중산층도 아닌 상류층만 누릴 수 있는 고급의

최신 유행이 하나 있다. 바로 기술을 전혀 사용하지 않는 것이다. 경제적으로 충분히 여유로운 사람들은 온라인에서 끊임없이 들어오는 이메일을 읽고 답장하거나 새로 나온 앱을 가지고 씨름할 필요가 없다. 그런 일을 대신해 주는 사람이 있기 때문이다. 이들은 말 그대로 오프라인으로 살 수 있는 여력이 있다. 물론 동시에 자제력과 금욕주의적 고결함도 자랑한다. 자기 계발을 하면서도 세러피스트, 개인 트레이너, 주치의 같은 사람들을 직접 만나 대화할 수 있는 여유가 있다. 심지어 책도 읽을 수 있다. 다른 계급들이 감시의 대상이 되거나 기술의 도움에 의존하면서 감시 자본주의의 배를 불리는 사이, 오프라인에서 자기 계발을 하고 살아 있는 인간에게서 개인적인 서비스를 받는 일은 새로운 사치가 되고 있다. 느긋하게 책을 읽고 이야기를 나누는 일. 이렇게 인터넷에 예속되지 않는 것은 상위 1퍼센트만 누릴 수 있는 독점적 자유를 제공한다. 1년 내내 스마트폰을 보며 사는 삶은 99퍼센트의 데이터 노동자 프롤레타리아들의 것이다.

다음 장에서는 이 데이터 노동자 프롤레타리아들이 AI를 통해 어떻게 측정되고 정량화되며 신속하게 '향상' 되는지 논의할 것이다.

5

나보다 나를 더 잘 아는 AI
_분류, 측정, 정량화, 개량

현대 디지털 기술은 다양한 측면에서 자기 계발을 지원한다. 그중에서도 가장 분명한 것은 정보 전달 기능이다. 인터넷과 소셜 미디어는 책, 애플리케이션, 워크숍 등 모든 종류의 자기 계발 방법을 알려 준다. 그러나 지금까지 살펴본 바와 같이 기술은 우리를 타인과 비교하는 기능도 한다. 우리는 다른 사람들의 삶을 보면서 자기를 더 갈고닦고 싶어 한다. 기업들은 바로 여기에 관심이 있고 이런 우리를 대상으로 광고를 하고 각종 상품과 서비스를 판매한다.

더 정확하게 이야기해 보자. 시장은 어떤 욕망에 반응하는가? 아메리칸드림을 좇는 사람들은 출세와 물질적 성공을 갈망한다. 페이스북이나 인스타그램에는 수

많은 신데렐라와 왕자들이 있다. 수많은 영업 사원들의 삶과 죽음도 있다. 그러나 수백 년간 이어져 온 낭만주의와 수십 년간 계속된 (포스트) 히피 문화 이후에도 우리는 여전히 육체와 정신을 수양하고 내면의 자아를 발전시키고 싶어 한다. 이런 욕구에 부응하는 것이 바로 자기 계발 기술이다. 오늘날 앱과 팟캐스트는 정신과 육체를 단련시키는, 자기 관리를 돕고 영혼을 단단하게 하는 훈련 도구다. 디지털 기기와 소프트웨어는 우리의 내적 여정을 함께하고 지원하며 더 나은 '나'가 되기 위한 훈련을 도와주는 낭만적인 기술이다.[1] 여기에도 비교의 측면이 존재한다. 이런 기술들은 소셜 네트워크를 통해 커뮤니케이션을 촉진하고 비교를 가능하게 한다. 우리는 다른 사람들이 어떻게 운동하고 정신을 수양하는지, 어떤 노력을 하고 어떤 어려움을 겪는지, 얼마나 잘 지내는지 못 지내는지 알 수 있다. 우리는 자신의 성공과 실패를 고백하고, 다른 사람들 역시 그렇게 한다.

　얼핏 보면 인문주의적 공동체 같다. 인간미 넘치고 긍정적이고 서로를 격려하는 그런 공동체 말이다. 웬만큼 무심한 사람(가령 학자의 의무에 충실한 정신분석학자 같은)이 아닌 다음에야 여기에서 최소한 어느 정도의 진실한 감정이나 거짓 없는 고통, 사람과 사람 사이의 대화에서 느껴지는 인간적인 온기를 느끼지 않을 수 없을 것이다. 또 거의 사적인 편지나 좋은 소설과 다름없는, 소셜 미디어를 통해 퍼져 나가는 진심 어린 고백이나 개인적인 이야기에서 우러나오는 변화의 잠재력을 감지하지 못하기도 힘들다.

그러나 착각은 금물이다. 여기에는 전통적 인문주의식 자기 계발 행위는 물론이거니와 푸코가 말한 근대적 절제와 규율도 더 이상 존재하지 않는다. AI와 같은 디지털 기술이 도입되면서 우리가 자신을 이해하는 방식과 개선하고자 하는 자아에는 근본적인 변화가 일어났다. 운동이나 명상을 할 때 우리는 추적되고 데이터로 변환되고 분석되어 팔린다. 자아가 수치화된다는 말이다. 더 이상 소설이나 옛날 옛적 인문주의 심리학에서 탐구되던 신비하고 어렵고 복잡한 자아가 아니다. 수양이 잘된 근대적 자아도 아니다. AI와 빅데이터 체제 아래서 우리는 숫자에 불과하다. 심지어 현대 감옥이나 강제 수용소처럼 하나의 숫자만 주어지는 것도 아니다. 우리는 대단히 많은 숫자다. 우리가 하는 클릭, 마우스의 움직임, 키보드 입력 내용, 다운로드 파일들은 모두 컴퓨터를 통해 기록되고 처리된다. 그리고 이 데이터들은 전 세계를 돌아다니며 분석되고 저장되며 판매되고 사용된다.

인공지능은 이런 데이터 프로세스에 관여한다. 머신러닝 형태의 AI는 수많은 사람에 관한 어마어마한 양의 데이터(빅데이터)를 분석할 수 있다. 상관관계를 찾고 확률을 계산하여 내가 어떤 책을 사고 에너지를 얼마나 사용하며 동네에 범죄가 일어날 가능성이 있는지 등을 예측한다. 그리고 어떤 데이터로 무엇을 하든 우리에게 그 데이터에 대한 피드백을 전달한다. 자기 계발용 데이터도 그중 하나다. 내가 어디에서 얼마나 뛰었는지, 몸 상태는 어떤지, 명상이나 요가를 잘했는지, 소셜 미디어 포스트에 '좋아요'나 댓글이 얼마나 달렸는지, 내게 맞는 정신 건강법은 무엇인지 데이터를 통해 확인할 수 있다.

이것은 자기 자신을 인식하고 이해하는 방식에 영향을 미친다. 2007년에 두 명의《와이어드》기자가 명명한 '자기 정량화'는 단순히 스스로 추적하고 기록하는 행위가 아니다. 그것은 자아에 대한 기술이며 인간으로 하여금 특정한 방식으로 자신을 인식하게 만든다. 이것은 정량화된 인식으로, 오직 숫자로만 표기될 수 있는 인식이다.[2] 이런 활동을 함으로써 우리는 자기 자신을 데이터화된 자아로 이해하게 된다. 오늘날 이런 데이터를 이용하고 생산하는 사람들은 푸코가 분석한 근대 제도에서처럼 간호사나 행정 관리, 교도소 간수가 아니다. 이런 자

기 인식 데이터 생성에 중요한 역할을 하는 것은 다름 아
닌 바로 나다. 내가 나를 추적하여 나에 대한 데이터를
생산하고 측정한다. 심지어 잘 때도 한다. 우리는 숫자로
이루어진 자아를 생산해 내기 위해 자기 자신을 24시간
감시 체제에 몰아넣는다. 이 숫자는 우리가 자기 계발 목
표를 향해 얼마나 잘 가고 있는지 보여 준다. 이런 기술
을 사용함으로써 우리는 '내가 곧 나의 데이터'라는 느낌
을 받는다. 스스로 데이터를 생산하고 처리하는 기계로
인식하는 것이다.

　다시 푸코의 접근법으로 돌아가서 자기 계발이 언
제나 자기 인식과 자아 성찰과 연관되어 있음을 염두에
두고 자기 인식과 기술의 관계를 좀 더 깊이 들여다보
자. 재미있는 사실은 전통적인 인문주의식 기술과 실천
을 통해서는 생성될 수 없었을 새로운 인식이 생성된다
는 점이다. 달리기 앱이 없다면 정확히 얼마나 뛰었는지,
특정 시점에 심장 박동수가 몇이었는지 알 수 없고 평균
과 비교해 볼 수도 없을 것이다. 정신 건강 앱이 없다면
다른 사람들과 비교하여 정확히 얼마나 우울하거나 불
안한지(다시 말해 통계적으로 어떤 유형에 속하는지) 알
수 없을 것이다. 온라인 투표 도구가 없다면 정치 성향을
백분율로(좌파적 성향은 얼마나 되는지, 우파적 성향은

얼마나 되는지 등) 알 수 없을 것이다. 이는 디지털 기술
이 단순히 정보를 제공하고 비교하고 추적하기만 하는
것이 아니라 나에 대한 정량화된 인식을 만들어 낸다는
것을 보여 준다. 이런 인식은 기술이 존재하지 않았을 때는
우리에게 없었던 지식이다. AI와 데이터과학은 이런 인식
을 생성하고 분석하는 데 핵심 역할을 한다. 그것은 수치
화된 입력값을 필요로 하고 수치화된 정보를 처리하며
수치화된 결괏값을 내놓는 도구이자 방식이다.

　이것은 하나의 장치가 아니라 기술의 생태계를 통해
이루어지며, 어느 한 시점에 벌어지는 사건이 아니라 하
나의 과정이다. 디지털 기술은 아날로그 정보를 정량적
인 디지털 정보(데이터)로 변환하고 대신 데이터 분석
결과를 돌려주는 센서와 다른 인터페이스를 필요로 한
다. 또 데이터 획득과 피드백을 가능하게 하는 관련 기술
과 행위를 만들어 낸다. 그리고 이 과정은 끊임없이 일
어난다. 이런 기술 환경과 프로세스 전체가 디지털 기술
과 AI가 도래하기 이전에는 없었던 새로운 종류의 인식
을 제공하며, 이런 인식은 새로운 기술(가령 휴대폰 안에
들어가는 신형 센서), 인프라(모바일 데이터를 통한 인
터넷), 행위(이를테면 나를 추적 기록하는 스마트폰이나
시계를 차고 달리는 일. 이는 다시 새로운 종류의 달리기

를 만들어 낸다.)와 관련이 있다. 이 모든 것이 모여 푸코가 '에피스테메'라고 부른 새로운 인식의 질서를 형성하는데, 이 질서는 매우 물질적이고 기술적인 측면이 있다. 여기서 융성한 것이 자기 계발 문화이지만 테크노컬처와 기술 지식이 크게 성장한 것은 더욱 분명하다. 오늘날 유무선의 데이터 공간에서 만들어지고 향상되는 자아는 한편으로 우리 스스로 창조해 낸 것이지만, AI를 비롯한 데이터 기술에 의해 만들어진 것이라 해도 틀린 말이 아니다.

게다가 이런 일이 일어나고 있다는 사실을 인지하지 못하는 경우가 많고 이렇게 생성된 정보를 전혀 사용할 수 없다는 문제도 있다. 정보 수집이나 분석이 나도 모르게 이루어질 때 우리는 그 정보가 어디에 이용되는지(또는 이용되었는지)는커녕 나와 관련된 정보를 담고 있는 숫자가 무엇인지조차 모른다. 가령 특정 웹사이트나 앱이 나를 추적하고 기록한다는 사실은 알아도 그들이 어떤 데이터를 취합하는지, 그 데이터로 무엇을 하는지, 나에게 피드백으로 전달되는 정보는 어떻게 생성된 것인지에 대해서는 전혀 아는 바가 없다. 내가 동의했다 하더라도 AI 알고리즘이 어떤 일을 하고 어떤 일을 했는지, 어떤 데이터에 기반하여 어떻게 훈련되었는지, 이와 관런된 모든 결정을 누가 내리는지는 정확히 알지 못한다. 정보 제공에 동의하긴 했지만 제삼자가 나의 데이터로 무엇을 하는지 모를 수도 있다. 개인 정보 이용에 동의하는 행위는 우리가 모르는 또는 알아서는 안 되는 많은 것을 감추는 장막인 경우가 흔하다. 특히 우리의 데이터가 어떻게 상품화되고 팔리는지에 대해서는 아무도 이야기해 주지 않는다. 대신 자기 계발 중이라는 말만 들려올 뿐이다.

그러므로 AI가 나보다 나를 더 많이 안다는 데는 적어도 두 가지 의미가 있다. 첫 번째 의미는 AI가 나에 대한 새로운 종류의 정보, 즉 수치화된 정보를 생성한다는 뜻이다. AI의 작동 방식은 중립적인 자기 인식 방법을 제공하지 않는다. 대신 매우 특정한 방식으로 자신을 인식하도록 만든다. 두 번째로 AI가 전에는 없었던 나에 관한 정보를 이용할 수 있는 데 반해 나는 그 정보를 전혀 이용하지 못한다는 의미가 있다. 이를테면 내가 인지하지 못한 사이 데이터가 획득되고 분석되는 경우처럼 말이다. AI가 하는 일이 눈에 보이지 않는다면 AI와 AI를 운영하는 사람들이 나보다 나에 대해 더 많이 안다고 할 수 있다.

확실한 것은 이런 새로운 종류의 지식과 눈에 보이지 않는 데이터 경제로 인해 AI와 AI를 운영하는 투명인간들이 코치나 치료사, 트레이너로 기능할 수 있다는 사실이다. 그들은 사람들에게 운동과 관련된 지시를 내리고('운동하세요!' 같은 명령문을 기억하라.) 자기 계발 방법을 가르친다. 이는 언뜻 동기를 부여하는 말처럼 들리지만, 이런 AI가 주도하는 지식 생성 프로세스는 AI와 AI를 소유한 사람들에게 우리를 지배할 수 있는 권력을 선사한다. 역설적이게도 무엇보다 우리의 능력을 향상해 주고 고대 철학의 자제력과 근대의 계몽적 자율성을 실현하도록 도와줄 것 같았던 자기 계발 기술이 조종과 착취의 도구로 변질된다.

그래서 우리는 우리의 바람과는 정반대로 통제력을 상실하고 타율성에 젖은 상태가 되고 만다. 추적, 감시, 조종을 통해 타인이 나의 자기 계발 목표를 설정하고 그 목표에 도달하는 방법을 정의한다. 무엇을 해야 하는지, 언제 해야 하는지, 어떻게 해야 하는지를 모두 앱이 알려 주고 달성해야 할 목표가 무엇인지도 말해 준다. 우리는 여전히 열심히 '자기 계발'을 하지만, 무엇이 자기 자신(에 대한 지식)으로 간주되며 어떤 목표를 달성해야 하는지는 기술과 그 기술을 만들어 돈을 버는 사람들에 의해(적어도 그들의 영향을 받아) 결정된다. 기술이 우리의 자아를 향상해 준다고 주장하기는 하지만, 알고 보면 우리는 기술을 통해 다른 사람들과 그들이 개발하여 판매하는 것들에 놀라울 만큼 의지하며 산다. 고대 스토아 철학자가 자신이 제안한 자기 계발 조언이 이토록 왜곡되고 악용되고 있는 것을 본다면 몸서리를 칠 것이다.

그러나 기술에 의해 새로운 종류의 지식이 생성될 때는 언제나 그 기술을 사용하고 개발하는 인간도 참여한다는 점을 잊어서는 안 된다. 이것은 일반적으로도 사실이지만 기술이나 데이터과학의 수준에서 보면 더욱 그렇다. AI 분석은 여전히 다른 종류의 지식으로부터 정보를 제공받아 이루어진다. 데이터과학자들은 이것을 '도메인 지식'이라고 부른다. 예를 들어 잘 만들어진 명상 애플리케이션은 명상 전문가의 도움을 받아 설계된다. AI는 교육이나 다양한 형식의 심리 치료와 같은 전통적인 자기 계발 방법을 지원하거나 크게 바꿀 수도 있다. AI를 이용해 환자의 자기 인식 형성을 돕는 것이다.[3]

일찍감치 1960년대에 개발된 세계 최초의 챗봇 프로그램 일라이자(ELIZA)는 정신과 의사와 환자의 상호 작용을 촉진하는 데 사용되었다. MIT 인공지능 연구소의 조셉 와이젠바움 교수가 개발한 이 프로그램은 사용자들이 문자(대화 형식)로 소통할 수 있게 만들어졌으며 사용자들에게 기계가 그들을 이해하고 있다는 착각을 심어 주었다. 본래 일라이자는 어떤 판단이나 조언도 하지 않고 그냥 듣기만 하는 정신과 의사를 풍자하기 위해 만든 것이었지만, 실제로 기계가 자신을 이해한다고 느끼는 환자들도 있었다. 1980년대에는 전통적인 의미의 AI가 의료 환경에 적용되었고, 셰리 터클은 AI와 정신분석 세계의 간극을 메울 수 있는 방법을 연구했다.[4]

　오늘날에는 머신러닝과 자연어 처리를 사용하여 정신 치료 분야의 새로운 애플리케이션을 개발한다. 이를테면 의사를 대체하지는 않지만 정신 질환을 판별하는 데 머신러닝이 활용되는 식이다.[5] 이와 같은 AI 기술과 활용도 환자가 기술 없이는 알 수 없는 자아에 대한 지식을 생산하거나 적어도 그에 기여한다. 다시 말하지만 AI는 우리보다 우리에 대해 더 많이 안다. 놀랍게도 이것은 의사의 경우도 마찬가지여서 AI가 의사보다 환자에 대해 더 많이 안다. AI는 환자가 말을 시작하기도 전에 이미 환자의 상태를 알고 있으며, 그게 아니라면 적어도 환자에 관한 매우 특정한 지식, 기술이 없었다면 환자도 의사도 알지 못했을 종류의 지식을 생산해 낼 수 있다.

　AI가 우리보다 우리에 대해 더 잘 아는 게 사실이라면 자기 계발을 위한 고대 철학이나 인문주의식 자기 관리 방법은 완전히 쓸모가 없어진 것처럼 보인다. 『호모

데우스』에서 역사학자 유발 하라리는 데이터를 종교처럼 숭배하는 새로운 '데이터이즘' 사조로 인해 일기를 쓰거나 좋은 친구에게 마음을 터놓는 등의 자아를 이해하기 위한 인문주의적 행위 또는 고대 종교가 주는 지혜 없이도 살 수 있게 되었다고 주장한다. 알고리즘이 우리 기분을 알고 있으니 알고리즘에 귀를 기울이는 편이 낫다는 것이다. "너 자신을 알라."는 여전히 따라야 할 원칙이지만 이제 우리는 구글, 페이스북, DNA 시퀀싱 기술, 웨어러블 기기를 이용해 자기 자신을 파악하고 인식한다. "구글과 페이스북 알고리즘은 우리 기분이 어떤지 정확하게 알고 있을 뿐만 아니라 우리가 거의 인지하지 못하는 자기 자신에 대한 다른 수백만 가지 사항에 대해서도 알고 있다. 그러므로 이제 우리는 내면의 목소리가 아니라 이런 외부의 알고리즘에 귀를 기울여야 한다."[6]

그렇게 AI는 자신에 대해 새로운 지식을 획득할 수 있는 기회를 제공한다. 비록 그것이 매우 구체적인 종류의 지식이지만 말이다. 게다가 데이터이즘의 서사에 따르면 AI는 인간이 통제할 수도, 이해할 수도 없는 방법으로 진화할 것이다. "그것은 자기만의 길을 따라 이제껏 인간이 가 보지 않은 곳, 그리고 인간이 결코 따라갈 수 없는 곳을 향해 간다."[7] 그런 세상에 우리가 아는 인간을 위한 자리가 남아 있을지는 알 수 없다. 인문주의적 저항도 소용없어 보인다. 우리에게 남은 최선책은 인간 개량인 듯하다. 인간은 이제 업그레이드가 필요하다.

계발로는 부족하다:
생명 공학 기술과 AI를 통한 인간 개량

고대와 인문주의 시대에 사용되었던 전통적인 자기 계발 방법과 기술은 언제나 인간의 본성에 개선해야 할 부분이 있다고 가정했다. 그러므로 자기 계발은 완벽한 인간(대개는 완벽한 남성)이 되는 것을 의미했다. 인문주의자 피코 델라 미란돌라는 『인간 존엄성에 관한 연설』에서 인간은 선택을 통해 자신의 삶을 만들어 갈 수 있고 지적 능력을 배양하면 "천상의 동물"[8]이 될 수 있지만, 이런 모든 가능성은 인간 본성 안에 있다고 주장했다. 완전성에 관한 종교적 관념들도 이런 인간의 본질에서 출발했다. 인간 본성과 인간이 처한 조건은 주어진 대로 받아들여졌다. 심지어 그런 견해가 매우 적극적으로 권장되었는데 인간 본성과 인간의 조건을 변하지 않는 것이라 여겼기 때문이다. 창조에 관한 종교적 관점에서 보면 인간은 스스로 만든 존재가 아니고, 진화생물학의 관점에서 보면 인간은 진화된 존재였다. 인간은 진화를 통해 지금의 모습이 되었다는 것이다. 다윈은 창조론에 대해서는 의문을 제기했으나 인간의 현재 상태(진화를 통해 이룬 모습)를 개선해야 한다는 견해에는 반론하지 않았다. 전통적인 자기 계발 사상은 인간 본성을 주어진 것으로 보고 그것을 고치고 다듬음으로써 소위 '조물'된 인간을 교육하고 개선하고자 한다.

그러나 이것은 보통 '인간 개량'이라고 일컫는 새로운 기술의 가능성이 열리면서 변화를 맞는다. 인간 개량이란 새로운 기술적 도구를 통해 인간의 육체와 정신 자체를 개선 또는 '개량'하는 것을 말한다. 이제 인간 본성은 더 이상 당연한 것으로 간주되지 않는다. 휴머니즘은 트랜스휴머니즘으로 대체된다. 트랜스휴머니즘의 목표는 인간을 넘어서는 것으로, 단순히 개인적인 수준에서 자제력이나 자율성을 키우는 기술 같은 전통적인 방법이나 책으로 하는 인문주의식 교육을 통해서가 아니라 인간 그 자체를 바꾸고 증강하는 방법을 사용한다.

조물된 모습 그대로의 인간은 많이 부족해 보인다. 너무 아둔하고 너무 보기 흉하고 너무 느리고 너무 쇠약해서 일을 제대로 수행하지 못하거나 올바른 일을 하지 못하는 때가 많다. 인간 2.0 버전으로 업그레이드가 필요한 시점이다. 인문주의적 자기 계발 목표는 이제 개인과 종(種) 수준에서 트랜스휴머니즘식 자기 개량으로 대체된다. 레이 커즈와일, 닉 보스트롬, 너태샤 비타모어, 케빈 워릭, 한스 모라벡, 벤 거츨, 존 해리스 등은 이제 때가 왔다고 이야기한다. 이들은 인간 개량이 질병, 고통, 노화 같은 불필요한 인간의 한계를 극복하고 인간에게 새로운 능력을 가져다줄 것이라고 주장한다. 인문주의자들처럼 인간의 조건을 인정하고 받아들이는 게 아니라 고쳐야 한다는 것이다.

그리고 세상은 어쨌거나 변할 것이라고 이야기한다. 발명가이자 미래학자인 레이 커즈와일은 『특이점이 온다』에서 인공 지능이 가속화되어 '특이점'에 이르면 인간은 자기 자신을 업로드하고 생물학적 육체와 뇌의 한계를 초월하게 될 것이라고 주장한다. 그러나 그런 일이 일어나기 전에도 인간이 온갖 종류의 기술을 이용하여 스스로 개량할 수 있다고 이야기하는 학자들이 있다. 예를 들어 존 해리스는 생명 공학을 사용하여 인간 유전자를 변형함으로써 다윈의 진화를 대체하거나 강화할 것을 제안한다.[9] 인간을 기계와 결합하여 확장시켜야 한다고 주장하는 사람도 있다. 엔지니어링 교수인 케빈 워릭은 컴퓨터와 인간 신경계를 직접 연결하는 인터페이스

연구로 유명하다. 『나는 왜 사이보그가 되었는가』에서 워릭은 스스로 수술을 통해 자기 몸에 기술을 이식한 실험을 어떻게 진행했는지 설명한다.

　트랜스휴머니스트들에게 이 모든 일은 실현 가능하고 수용 가능하며 바람직하다. 그들에 따르면 인간은 이미 기계이기 때문이다.(생물학적 기계도 기계는 기계다.) 그러므로 인간을 업그레이드하거나 확장하는 일은 적어도 개념적으로나 윤리적으로나 문제 되지 않는다. 오히려 요구된다. 이것은 기술적, 과학적 도전이자 지능을 증대하고 확대하는 이야기에 참여하는 도구이기 때문이다. 게다가 이들은 디지털 기술이 뇌와 인간 정신의 비밀을 완전히 파훼할 수 있다고 여긴다. 기술이 과거에는 이르지 못했던 수준까지 이를 수 있다는 것이다. 신경과학자들은 컴퓨터 모델을 결합한 fMRI 스캔 기술을 사용하여 인간의 마음을 읽으려 한다.[10] 여기에는 소크라테스나 인문주의식 자기 인식이 필요 없다. 내가 무슨 생각을 하고 어떤 사람인지 기계가 말해 주기 때문이다. 내가 거짓말을 하는지, 얼마나 도덕적인 사람인지도 말해 주고 나의 정체성을 데이터 형태로 저장하기도 한다. 트랜스휴머니스트들은 인간의 정신을 디지털 영역에 업로드함으로써 불멸성을 획득할 수 있기를 꿈꾼다.

게다가 (이 부분은 나도 전적으로 동의하는 바인데) 언제나 인간은 기술을 사용하여 스스로를 개량해 왔다. 인간은 늘 사이보그였다. 책을 읽고 쓰는 인문주의자를 떠올려 보자. 안경을 쓰고 있다면 그는 생태와 기술이 결합한 일종의 사이보그라 할 수 있다. 그러나 중요한 문제는 더 심오한 데 있다. 책이라는 매체와 인쇄술이라는 기술이 없다면 그는 지금과 같을까? 책과 인쇄술이 없다면 지금처럼 인문주의자가 되었을까? 그렇다면 그는 이미 사이보그이지 않을까?

인공지능으로 돌아가 보자. AI는 대개 기계의 지능과 관련된 기술이라고 알려져 있다. 그러나 AI는 인간 개량에도 사용될 수 있다. 어떤 사람들은 인간 개량이 인간의 뇌와 컴퓨터를 직접 연결하는 형식으로 이루어질 것이라고 믿는다. 디지털 기술을 인간의 신경계, 심지어 뇌까지 연결하려고 했던 워릭의 실험을 다시 살펴보자. 과학자들은 이미 뇌와 컴퓨터의 인터페이스를 개발하고자 애쓰고 있다. 커즈와일에 따르면 인간의 뇌를 개량하는 일은 AI가 인간을 통제하지 못하도록 하는 데 필수적이다. 커즈와일은 인간 정신과 기계의 통합을 꿈꾼다.[11] 그러나 AI는 뇌와 컴퓨터 사이의 물리적 인터페이스나 생명 공학적 변화 없이도 인간의 지능, 기억력, 의사 결정력, 소통을 향상하는 도구로 사용될 수 있다.

어떤 연구자들은 도덕적 의사 결정을 도와 소위 '도덕적 향상'에 이르도록 하는 AI를 연구하고 있다. 줄리언 서불레스쿠와 해나 매슬린은 AI가 올바른 행동 방침을 제공하여 사람들이 각자의 가치관에 기반하여 올바른 행동을 하도록 돕고 인간 정신의 태생적 한계를 극복할 수 있다고 주장했다.[12] 그들은 이것이 행위자의 자율성을 증대한다고 주장한다. 한마디로 스테로이드를 복용한 스토아 철학, 더 정확하게는 AI의 도움을 받는 근대적 자율적 사고라고 할 수 있다. 칸트가 이 말을 들었다면 인간 자율성을 부정하고 무시하며 인류의 성장을 부정한다고 충격을 받을 것이다. 그러나 트랜스휴머니스트들은 쉽게 잘못을 저지르고 불완전하며 불행한 인간이 올바른 일을 하도록 도우려는 열망이 크다. 프란시스코 라라와 잰 데커스는 심지어 AI에 소크라테스와 같은 역할을 부여한다. 기계가 "중요한 질문을 던져 논점의 잠재적 허점을 드러낼 수 있다."라는 게 그들의 주장이다.[13] AI가 이를테면 대부분의 인간보다 더 이성적이라는 이유로 철학자를 대신할 수 있을까?

여기에 더해 오디오 기술이나 가상 현실(VR), 증강 현실(AR) 같은 기술을 통해 인간의 의식 상태를 바꾸

어 주는 AI를 상상하는 사람도 있다.[14] 1980년대에 CIA
는 의식을 바꾸고 시공간의 제약을 탈피하는 '관문 체험
(Gateway Experience)'이라는 기술을 연구했다. 유체 이탈
경험 연구로 유명한 밥 먼로가 개발한 오디오 기술을 사
용하여 연구자들은 인간 정신이 유체 이탈을 경험하는
것뿐만 아니라 과거나 심지어 미래까지 이동할 수 있는
의식 상태를 구현하고자 했다.[15]

주세페 리바와 동료들은《정신의학 최신 연구》에 게
재한 논문에서 가상 현실과 증강 현실이 다양한 외부 환
경의 경험(오락이나 훈련용)을 창조하는 것은 물론 물
질적 자의식을 수정함으로써 내적 경험을 근본적으로 바
꾸는 데도 사용될 수 있다고 주장했다. 예를 들어 자신
의 몸을 가상의 신체로 대체하여 그것을 온전히 자기 것
으로 경험하는 '완전 신체 스와핑'에 가상 현실을 사용할
수 있다. 리바와 그의 동료들에 따르면 이는 영화 「존 말
코비치 되기」처럼 우리가 다른 사람의 관점을 경험할 수
있다는 의미다.[16] AI는 이런 의식 변경 기술을 지원할 수
있다. 이를테면 AI가 입체 음향 오디오를 만들고 그것을
통해 뇌를 다양한 방법으로 자극함으로써 인간 정신이
다른 수준의 의식에 도달하도록 돕는 것이다.

물론 의식 변화를 유도하는 방법에는 초고속으로 영

적인 수준에 도달하게 하는 다른 방법들도 있다. 바로 마약이다. 일례로 엔티오젠이라는 약은 향정신성 물질로 감정과 인지의 변화를 유발하여 정신적 고양을 촉진한다. 이것은 전통적으로 샤먼 의식이나 미주 대륙의 원주민 문화에서 사용되어 왔다.(아야와스카를 사용하는 것이 대표적이다.) 1960년대에는 환각 물질이라고 불리기도 했는데 오늘날에도 다양한 종류의 신구 물질들이 (일례로 미국과 브라질의 새로운 종교 운동에서) 이런 용도로 사용되고 있다. AI도 이런 자아의 의식을 바꾸는 온갖 종류의 기술에 속하며 혹자는 영적인 기술 또는 영혼을 위한 기술이라고도 부른다.

요약하면 AI가 인간이 결정을 내리고 정신과 의식을 바꾸는 데 도움을 줄 수 있다는 것이다. 이런 식으로 AI는 자기 계발의 강력한 도구가 될 수 있다. 기술이라는 수단을 통해 '정상적인' 인간 능력을 넘어서려고 하는 이러한 자기 계발은 가히 자기 개량이라고 부를 법하다.

자아 계발에 대한 이런 트랜스휴머니즘적이고 기술 중심적인 관점, 즉 자기 개량은 전통적인 자아 계발 방법과는 상당히 다르다. 도덕적 향상의 개념을 다시 생각해 보자. 소크라테스식 대화법이나 스토아 철학의 기술을 사용하는 사람들 또는 근대적 자율성이나 실존주의적 견해를 수용하는 사람들은 인간이 성취할 수 있는 수준을 넘어서는 자기 계발을 목표로 하지 않는다. 대신 그들은 완전한 인간이 되기 위해, 경우에 따라서는 온전한 자기 자신이 되기 위해 노력한다. 라라와 데커스가 인정하듯이 소크라테스는 사람들이 이미 존재하는 관념들을 상기할 수 있도록 도왔다. 스토아 철학자들이나 칸트주의자들은 더 완전한 인간이 되기 위해 도덕성을 향상하고자 했다. 이들이 말하는 완전한 인간이란 이성적인 존재로서 그러한 인간 본성을 실현하는 것을 의미했다. 인간을 넘어서거나 인간적 가능성을 초월하는 일은 그들의 목표가 아니었다.

또 전통적인 자기 계발 방법의 핵심은 인간이 자제력을 길러 스스로 올바른 일을 하는 것이었다. 스토아 철학자들은 욕망을 통제하려 했고, 칸트주의자들은 단순히 마음이 편해져서가 아니라 도덕 그 자체를 위해 도덕적으로 살고자 했다. 그들의 목표는 태생적 성향을 거슬러 도덕적으로 행동하는 것이었고, 그것은 정신 수양을 통해 이루어진다고 믿었다. 이 모든 것은 상당한 정신적 노력을 요구하기 때문에 이것을 스스로 할 수 있는지가 자기 계발의 핵심이었다.

그러므로 인간의 태생적 성향을 극복하기 위해 기계

를 이용하는 것은 (적어도 전통적인 자기 계발 관점에서
는) 실제 자기 계발에 도움이 되지 않는 편법을 사용하는
것과 다름없다. 그것은 고된 자기 계발 노력을 기계에 하
청을 맡기는 격이다. 또 자기 계발에서 '자기'를 지우는
일이기도 하다. 의식 상태를 바꾸는 기술에도 동일한 설
명이 적용된다. 새로운 기술들이 깨달음에 이르는 지름
길을 약속하는 것처럼 보일지 모르지만, 그 약속이 제아
무리 실현 가능하다 하더라도, 그 기술을 통해 인간이 영
적으로든 정신적으로든 아니면 다른 측면으로든 정말로
더 나아질지는 여전히 불확실하다.

AI를 의사 결정이나 자기 개량에 이용하는 일에는
(더 많은) 윤리적 문제와 정치적 문제도 따른다. 가부장
적 온정주의의 위험이 그중 하나다. 만약 기계가 내가 아
닌 다른 사람의 가치나 이해를 위해 복무한다면? 이제
는 잘 알려진 사실이지만 AI는 가치 편향적일 수 있고 기
존의 오랜 편견을 영속화할 수 있다. 의사 결정에 도움이
될 수는 있지만 그 결정이 AI가 사용하는 데이터나 알고
리즘 때문에 편파적일 가능성이 있다. 기술은 정치적으
로 중립적이지 않다. 예를 들면 어떤 회사의 채용에 관한
과거 데이터를 학습한 AI 알고리즘은 외향적인 백인 남
성이 최고의 지원자라고 제시할 가능성이 있다. 실제로

가장 일을 잘해서가 아니라 단지 과거에 채용한 사람들이 어쩌다 보니 대부분 백인 남성이었기 때문이다.

또 개인주의 사회의 데이터로 학습된 미래의 최신식 AI는 모든 사람이 자기 자신에게만 관심을 쏟는 것을 도덕적 발전이라고 판단할 가능성이 있다. 그것이 다른 사람들에게 해악을 미치더라도 말이다. 욕망을 통제하는 것이 언제나 좋은 일이라는 것도 분명치 않고 논란의 여지가 있다. 그런 '도덕 기계'에 대한 제안은 대개 도덕성에 관한 여러 가지 가정을 동반한다. 심지어 도덕성에 대한 특정한 관점을 장려하며 다른 규범적 관점을 배제하기도 한다. 이를테면 도덕적으로 살거나 올바른 일을 하는 것의 핵심은 오직 명석한 사고와 이성을 따르는 것이라는 견해를 조장할 수 있다. 또 특정한 형태의 좋은 삶(예를 들어 스토아주의적 삶)을 장려할 가능성도 있다.

그런 특정한 견해나 삶의 방식이 가치가 있든 없든 상관없이 중요한 것은 AI를 비롯한 기술에 의존하는 것이 자기 자신을 성찰하고 사회를 들여다보고 무엇이 좋은 삶인지 고민하는 인간의 과제와 부담을 덜어 주지 않는다는 사실이다. 무엇이 올바른 행동이고 인간에게 좋은 것인지 안다고 주장하는 기술이 있다면 우리가 탐구하고 추구해야 할 것을 너무 쉽게 포기하고 기술을 전적으로 신뢰하게 될 수 있다. 그런 의미에서 우리에게 필요한 것은 신뢰할 만한 AI가 아니라 철학자다. 단순히 영리한 사고나 통계적, 정량적 형식의 지식이 아닌 지혜를 갈망하는 사람 말이다. 기술은 삶의 다양한 영역에서 우리를 도울 수 있지만, 자신을 이해하고 더 현명한 사람이 되려는 인간의 고된 노력을 대신할 수는 없다.

좋은 소식은 타인이 이 노력을 도울 수 있다는 사실이다. 더 명쾌하게 표현하면, 자기 계발은 타인의 도움이 있어야만 가능하다. 이 사실은 다음 장의 논의와 연결된다. 과연 오늘날 자기 계발 위기의 해법은 무엇일까?

6

관계적 자아와 사회 변혁

이 책은 자기 계발에 반대하는 책이 아니다. 고대 이래 자기 계발은 언제나 좋은 것이었다. 문제는 오늘날 나타나는 특정한 형태의 자기 계발이다. 이 형태는 자기 계발과 관련된 인류의 역사, 문화, 사회, 경제, 기술이 합쳐져 나온 결과물이다. 5장까지 우리는 자기 인식과 자기 계발에 관한 사상이 다른 여러 사상 및 사회적 발달과 어떻게 결합해 왔고 또 그것들에 의해 어떻게 발전해 왔는지 살펴보았다. 그 결과 윤리적으로 문제가 많고 정치적으로 유해하며 육체적, 정신적으로도 건강하지 못한 자기 계발 관행과 환경이 탄생했다는 사실도 확인했다. 그러므로 이 집단적인 강박과 자기 계발 위기의 해결책은 자기 계발을 모두 폐기하는 것이 아니며 그것이 해결책이 될 수도 없다. 자기 계발 관행은 유지할 가치가 있지만 지금의 형태여서는 안 된다. 우리는 자신과 이 사회를 개선할 더 나은 방법을 찾아야 한다.

이 책은 기술에 반대하는 책도 아니다. AI도 소셜 미디어도 인터넷도 반대하지 않는다. 이전 장들에서 나는 기술만이 문제가 아니라는 점을 명확히 밝혔다. 자기 계발이 문제가 되고 인간이 병들게 된 것은 앞서 언급한 여러 요인이 결합한 결과다. 분명 기술은 기회를 만드는 데나 문제를 일으키는 데 모두 중요한 역할을 하지만, 기술이 유일한 문제도 아니거니와 기술 자체에는 거의 문제가 없다. 그 이유는 기술이 뼛속까지 인간이기 때문이다. 기술은 본질적으로 사람, 사회, 문화와 복잡하게 얽혀 있다. 기술을 개발하는 것도 사용하는 것도, 그것이 미치는 결과를 감내하는 것도 인간이다. AI에 위험이 내재해 있다면 그것은 인간이 위험한 존재이기 때문이다. 이런 기술을 개발하고 사용함으로써 그리고 여타의 수단을 통해 인간이 이 세상을 살기 위험한 곳으로 만들었기 때문이다.

따라서 자기 계발 위기를 해결할 방법을 찾고 싶다면 전체적인 그림을 보고 앞서 논의된 다층적 분석을 통해 도출한 교훈을 유념하여 더 근본적인 문제가 무엇인지 찾아야 한다. 먼저 자아 계발이 필요하다는 관념을 파헤쳐 보고 자기 계발에서 '자기'가 무엇을 뜻하는지부터 살펴보자.

자기 계발 vs
서사적 자아로서 발전과 성장

자기 계발이나 자기 발전이 대개는 (또는 오로지) 자기 인식과 노력, 훈련의 문제라는 관념은 타당하지 않다. 그런 관념은 인간이 자기 자신을 완전히 파악하고 있으며 자신이 어떤 사람이고 어떤 사람이 되는지 완벽히 통제할 수 있고 그것이 오직 우리가 목표를 어떻게 설정하느냐에 달려 있다고 가정한다. 또 자아는 파악하기 쉽고 자기가 만든 작품이며 자기가 구상한 대로 만들어 갈 수 있다고 가정한다. 과연 정말 그럴까?

우선 프로이트와 이후 자크 라캉과 같은 포스트모더니즘 사상가들이 주장한 것처럼 자아는 완전히 파악하기가 불가능하다. 프로이트는 인간 정신에 영향을 주지만 우리가 인지하지 못하는 무의식이 존재한다고 주장했다. 이것이 사실이라면 우리는 자신을 온전히 이해할 수 없고 자아의 일정 부분은 늘 불가사의로 남아 있음을 의미한다. 우리 안에 낯선 존재, 타자가 있다는 뜻이다. 자아는 언제나 조금은 생경하고 기이한 것, 익숙하지만 동시에 이상한 것이라고 여겨졌다.[1] 자아는 투명한 유리창으로 안이 훤히 들여다보이는 거실이 아니다. 그보다는 어두운 지하실에 가깝다. 우리는 괴물을 두려워하지만, 괴물은 우리 안에 있다. 게다가 언어, 문화, 기술과 같은 외부의 것들이 나를 형성하고 지금의 나로 만든다. 라캉의 이론에서 모더니즘의 내밀한 자아는 포스트모더니즘의 외밀한(extimate) 자아로 대체된다.[2] 내부가 외부처럼 느껴지기 시작한다. 거실이 복잡한 도시의 침략을 받아 동요한다. 우리의 '내부'는 '외부'에 의해 만들어진다.

이는 자아를 온전히 파악하는 것이 가능하고 스스로 자아를 형성할 수 있다고 가정한 계몽주의 시대와 고대의 자기 계발에 대한 관념이 잘못되었음을 의미한다. 이미 우리 안에 법칙(타자, 언어, 규칙 등)이 있는데 자기 자신을 규율할 수는 없다. 하물며 자아 개량에 대한 비전은 더 말할 것도 없다. 자아가 온전히 파악할 수 있는 고정된 본질이 아니라면 그것을 업그레이드하거나 업로드하는 것은 불가능한 일이다. 알지 못하는 것은 개량은커녕 통제도 할 수 없기 때문이다.

둘째, 자기 계발의 '자기'에 대한 관점에서 우리가 통제하지 못하는 것과 의도하지 않은 것에 대해 더 많은 여지를 남겨 놓아야 한다. 지나친 통제 노력과 목표 지향적 태도는 자아 계발에 오히려 역효과를 가져와 또 다른 문제를 야기할 수 있다.

행복과 비교하면 이해하기 쉽다. 필사적으로 행복을 좇거나 행복하기 위해 애쓰는 사람은 실제로 행복해지기 어렵다. 목표에 지나치게 집착하면 목표 달성은 요원해진다. 그러므로 행복을 좇는 것은 행복을 실현하는 데 방해가 된다. 게다가 고대 스토아 철학자들이 주장하는 것과는 달리 인간의 행복은 언제나 일정 정도는 타인이나 우리 통제 밖에서 일어나는 일에 달려 있다. 물론 루소가 경고한 것처럼 다른 사람의 의견의 노예가 되어서는 안 되지만 행복을 온전히 자신의 내면에서만 찾는 것도 불가능하다. 행복은 타인에 달려 있기도 하고 운도 따라야 한다.

자기 계발도 마찬가지라 할 수 있다. 좋든 싫든 인간은 사회적 존재이고 지금의 우리 모습(자아)은 상당 부분 자신과 관계를 맺고 있는 사람들에 의해 형성된다. 인간은 자아를 개선하고 발전시킬 수 있고 이것을 수행해야 할 과제이자 노력이라고 여긴다. 그러나 실제로 그 과정을 통해 개선되고 발전한다고 해서 그것이 우리가 들인 노력의 결과라고만은 할 수 없다. 그것은 또한 우리가 실천한 것, 타인의 행동과 말, 주변에서 일어나는 일, 다시 말해 우리가 (적어도 완전히는) 통제할 수 없는 일들, 우리를 어려움에 빠뜨리기도 하고 도와준 사람들 그리고 그런 일들에 의해 생겨난 부산물이다. 분명 타인은 자기 계발에 장해가 되기도 하지만, 대개는 우리가 더 나은 사람이 되도록 도와준다. 주변 사람들은 지금의 나를 만드는 데 영향을 미친 사람들이며 우리는 그들과의 관계에서, 어느 정도는 그들 때문에 성장한다.

훌륭한 소설이나 이야기를 예로 들어 생각해 보자. 주인공은 이야기가 펼쳐지는 과정에서 고난을 극복해 나간다. 다시 말해 다른 사람과의 상호 작용을 거치면서 자연스레 성장한다. 주인공이 어떤 사람인가는 그런 다른 사람들과 그들과의 상호 작용에 의해 결정된다.[3] 인간의 자아와 삶도 마찬가지다. 이들도 서사적 구조를 지니고 있기 때문이다. 내가 누구인지는 계획되는 것이 아니며, 마치 미리 만들어져 있는 뻔한 공예품이나 제품인 것처럼 이야기할 수 없다. 내가 누구인지는 오직 삶의 과정에서 다른 사람들과 상호 작용하고 다양한 사건을 헤쳐 나가면서 드러난다. 바로 내가 되어 가는 것이다. 자아는 사물이 아니라 이야기다.

심리학과 철학에서는 이것을 '서사적 정체성'이라고 부른다. 프랑스 철학자 폴 리쾨르는 자아가 서사를 통해, 다시 말해 개인의 이야기와 개인이 경험하고 해석하고 상상하는 방법을 통해 드러난다는 서사성 이론을 발전시켰다.[4] 의미와 자아는 이야기를 통해서만, 그리고 이야기로 표현된 후에야 발전한다. 찰스 테일러 역시 자신이 누구인지 이해하기 위해서는 "내가 어떻게 지금의 내가 되었고 어디를 향해 가고 있는지"를 알아야 한다고 주장했다.[5] 자기 자신과 자신의 삶을 서사적으로 이해하는 일은 과거, 현재, 미래를 하나로 연결한다. 우리는 삶의 특정 사건만이 아니라 자기 자신과 삶 전체에도 의미를 부여하고 싶어 한다. 따라서 내가 어떤 사람이고 누구인지는 세상과 자기 자신을 어떻게 해석하느냐의 문제이며, 이것은 서사성에 의해 달성된다. 자아는 진화하는 이야기다.

이것이 사실이라면 자아와 자기 계발에 대한 근대 개념은 수정이 필요하다. 인간은 본질이 아니라는 실존주의자들의 주장이 옳았다는 점은 분명하다. 우리는 새로운 이야기를 만들어 내고 새로운 이야기를 자신의 이야기에 반영할 수 있다. 이것이 일종의 자아를 창조하는 자유다. 그러나 그렇다고 해서 자아 형성에서 우리가 온전히 자유로운 것은 아니다. 등장인물이면서 동시에 작가가 되는 건 불가능하기 때문에, 자신에 관한 이야기를 온전히 자기 마음대로 써 내려갈 수는 없다. 게다가 이야기는 인물의 행동만으로 구성되지 않는다. 인물의 통제를 벗어나 발생하는 사건도 많다. 더욱 일반적인 문제는 세상에 대한 이해가 언제나 자신의 문화권에 이미 존재하는 서사 방식이나 의미를 통해서 이루어진다는 사실이다. 여기에는 무엇이 중요한가에 관한 관념도 포함된다. 테일러는 이것을 '의미의 지평'이라고 부른다. 지금의 나는 내가 만든 결과물이기도 하지만 결정되지 않은 것들, 주어진 것들에도 영향을 받는다.[6] 알래스데어 매킨타이어에 따르면, 개별적인 삶의 이야기는 "사회적 전통 안에 깊이 자리하고 있다."[7]

근대적 개념의 개인으로서 우리는 고유한 존재이기를 바라고 삶과 자신을 통제하고 싶어 한다. 이사야 벌린이 말한 적극적 자유, 자율성의 의미를 생각해 보자. 자율성은 좋은 것이고 가치가 있다. 우리는 자아를 창조하고 발전시키기를 원한다. 또 지금의 내가 단순히 다른 사람들이 정의하는 나, 다른 사람이 규정하는 내가 아니라는 의미에서 고유성을 갖추도록 노력해야 한다. 자기 삶을 직접 써 내려가고 싶은 마음은 당연한 것이다. 그러나 그것이 온전히 혼자 마음대로 할 수 있는 일이 아니라는 사실을 인지해야 한다. 우리는 자기 자신과 삶에 대해 완벽한 통제권도 자율성도 자유도 절대 갖지 못한다. 따라서 자아를 계발하는 일은 실존주의자들의 생각처럼 (그리고 트랜스휴머니스트들이 기술을 통해 실현하려는 것처럼) 설계나 구상의 문제가 아니다. 자기 계발은 스스로 영향을 미칠 수 있기는 하지만 완벽히 통제할 수는 없는 하나의 과정이자 이야기다.

프로이트, 라캉의 견해와 궤를 같이하면서 자아에 대한 AI 주도의 정량적, 경험 심리학적 접근법과는 상반되는 이론을 펼친 리쾨르도 자아는 쉽게 파악할 수 있는 것이 아니라고 주장한다. 우리는 언어를 통해 자아를 이해하기 때문에 자아에 대한 해석이 필요하다. 때때로 우리는 시간이 지난 후에야, 삶이라는 이야기의 일정 부분이 지나고 난 뒤에야 자기 자신을 깨닫는다. 이 역시 우리가 자아라는 이야기를 직접 써 내려갈 수 있다 하더라도 모든 것을 통제하는 완벽히 자율적인 작가는 될 수 없다는 사실을 의미한다. 스토아학파나 근대 철학자들이 그랬던 것처럼 자제력이나 자율성을 획득하기 위해 노력하더라도 이런 한계를 받아들여야 한다. 그러나 다행스럽게도 이것이 꼭 한계인 것만은 아니다. 나의 통제를 벗어나는 타인과 사건들을 한계나 문제라고 생각할 수 있지만, 이들은 긍정적인 것, 애초에 자아를 가능하게 해 주는 것이기도 하다. 타인은 나를 지금의 나로 만들어 주고, 자아 형성의 배경이 되는 서사, 지평, 전통들은 내 삶을 이해할 수 있도록 해 준다.

이것이 옳다면 자기 계발은 단순히 자아를 만들어 내는 문제가 아니다. 완벽한 통제력이 없다는 점, 과정을 통해 드러난다는 점, 사회적 관계와 관련된 이런 측면을 발전과 성장의 비유를 사용하여 설명해 보자. 서사와 마찬가지로 자기 계발을 설명하기에는 과제라는 개념보다 발전과 성장이라는 개념이 더 효과적이다. 생명체는 오직 다른 존재나 환경과의 상호 연계성 안에서만 그리고 상호 연계성을 통해서만이 성장하고 융성할 수 있다. 상호 연계성은 생명체를 취약하게 만들지만, 생명체가 살고 성장하는 하나의 방법(사실 유일한 방법)이기도 하다. 마찬가지로 자기 계발도 내면에만 집중하거나 세상으로부터 마음을 멀리하는 것으로는 이룰 수 없다. 자신을 알고 성장하기 위해서는 타인이 필요하다. 그뿐만 아니라 다른 사람들이 자기 자신을 알고 성장할 수 있도록 도와야 한다. 도덕적으로나 다른 여러 측면에서 더 나은 사람이 되기 위해서는 나를 도와주고 내가 그에 보답할

수 있는 생태계가 필요하다. 생물학에서 그렇듯이 문화
에서도 상호 의존성, 소통, 교류가 결여되면 죽음과 다를
바가 없다.

자기 계발에 동서양의 고대 기술을 사용할 때 이런
기술들이 단지 죽음을 준비하기 위한 것이 아님을 분명
히 할 필요가 있다. 무엇보다 인간은 삶을 준비하고 실제
로 삶을 살아야 한다. 자기 계발에 정신이 팔려 허둥대다
보면 삶을 살아야 한다는 사실을 잊고 주변에서 일어나
는 일에 대처하며 성장할 기회를 놓칠 수 있다. 또 다른
사람들에게 상처 받지 않기 위해 노력하는 과정에서 벽
을 치기도 하는데, 이 벽은 우리를 성장시키는 타인과의
교류까지 막아 버린다. 자기 계발은 사회, 문화 그리고
자연환경 안에서 이루는 성장과 발전의 문제다.

다른 방식으로 설명하면 인간의 자아는 관계적이라
고 말할 수 있다. 자아는 오직 타인과 더 넓은 세상과의
관계 속에서 존재하고 발전할 수 있다. 자아의 관계성은
몇몇 서구 이론에 잘 나타나 있다. 자아와 돌봄의 윤리에
관한 페미니즘 관점[8]과 심층 생태주의가 대표적인 예다.
비서구권 사상에서는 특히 더 잘 드러나는데, 가령 유교
에서 자아는 근본적으로 사회적 성격을 띠며 사회적 관
계와 역할로 정의된다. 그러므로 자기 계발은 사회적 의

무를 다하고 연민과 신뢰성 같은 덕을 길러 사회 전체에
더 조화롭게 융화되는 것을 의미한다. 개인의 행복이 아
닌 사회적 조화가 유교 문화의 기본 이념이자 가장 중요
한 궁극적 목표이기 때문이다.[9] 우분투 철학(아프리카의
전통적인 생활 철학으로 타자와 공동체를 중시한다. PC나 서버에
서 쉽게 무료로 사용할 수 있도록 만들어진 리눅스의 배포판 '우분
투'가 여기에서 유래했다.— 옮긴이) 전통 역시 자아를 본질
적으로 관계 속에서 파악한다. 아프리카의 벤다어에는
"무투 은디 무투 은가 바투(muthu ndi muthu nga vhathu)"라
는 표현이 있는데 사람은 타자를 통해 사람이 된다는 의
미다. 케냐의 신학자 존 음비티는 데카르트의 "나는 생각
한다. 그러므로 나는 존재한다."를 "나는 우리가 있기 때
문에 존재하며, 우리가 있기에 그러므로 나는 존재한다."
라고 바꿔 썼다.[10] 개인은 매우 사회적인 존재로 집단과
공동체의 일부로 간주된다. 여기에는 산 자와 죽은 자가
모두 포함된다.

　자아에 대한 이런 관점과 인격성 같은 개념을 서양의
맥락에 단순히 적용할 수는 없고 또 그렇게 해서도 안 되
지만(자기 계발 산업에 의해 또 다른 상품으로 전락하거
나 제국주의 방식으로 전용될 우려가 있다.) 이런 관점과
개념들은 자아와 자기 계발에 대한 개인주의적 관점을

벗어나 사유하고 다양한 철학 전통을 더 고려하는 데 자극이 될 수 있다. 자아를 관계적으로 이해하는 시각은 타인이나 생태계에 대한 의존성을 문제가 아니라 자기 계발의 기회로 바라본다.

자기 계발에 대한 나르시시즘적인 태도는 관계성의 중요성을 간과하기 때문에 결국 생기 없고 죽은 자아를 만들어 낸다. 이런 자아는 타인은 물론 자신을 제외한 세상으로부터 단절되어 더 이상의 변화가 없는 사물, 관념, 본질과 다를 바 없다. 현대 사회에 중요한 화두인 자살 위험은 이제 육체의 물리적 죽음이 아니라 소위 자아의 자기도취적 자살의 위험이다. 자아의 자기도취적 자살이란 자기 자신을 비관계적 방법으로 이해하기 시작할 때 생기는 자기 파괴 형태로, 다른 사람은 물론 자기 자신에게도 해악을 끼친다. 바로 나르키소스에게 일어난 것처럼 자기가 자기 자신에게 무슨 짓을 하고 있는지 전혀 알지 못한 채 이루어지는 자살이다. 이런 자살이 수반되는 '자기 계발'은 본래 목표와는 완전히 다른 곳, 타락을 거쳐 궁극적으로 자아의 죽음에 다다르게 한다. 자아는 관계 없이는 성장할 수도 존속할 수도 없다.

나아가 자기 계발에서의 '자기'는 명확히 파악하기 어렵고 관계적일 뿐만 아니라 존재하지도 않는다고 볼 수 있다. 앞서 언급한 것처럼 불교에서는 자아를 사물로 보는 것에 대해 경고하고 심지어 영구적이고 불변하는 자아는 없다고 말한다. 스스로 존재하는 개체라는 의미의 개별 자아는 없다는 것이다. 이런 불교의 가르침에 따르면 자아는 환영이라고 부를 수 있을 만큼 철저하게 관계적이다. 이것이 사실이라면 계발하거나 개선할 자아는 존재하지 않는 것이고, 자아를 세계의 중심에 두고 몰두하는 것은 잘못일 뿐만 아니라 위험하기까지 하다. 자아 중심성은 이기심, 경쟁으로 이어져 고통을 초래할 수 있다. 그러므로 자기 계발 실천에서 우리는 자아에 전념하기보다 타인에게 관심을 쏟는 편이 낫다.

다양한 자아 그리고 자기를 넘어서: 타인 및 환경과의 관계 개선

자아에서 타인으로 관심의 방향을 전환하는 일과 그것이 자기 계발과 AI에 무엇을 의미하는지 알아보기 위해, 먼저 이런 생각이 (서양) 사상과 사회의 역사에 출현하여 오늘날 자기 계발 문화의 근간을 이루는 근대적 개념의 자아에 어떤 의문을 제기하는지 조금 더 자세히 설명하도록 하겠다.

먼저 계몽 운동이 시작된 이래 자아에 관한 두 개의 이론이 우리 문화를 지배해 왔는데, 두 관점의 차이는 지금까지도 AI의 윤리와 정치에 관한 논쟁을 부추긴다. 하나는 자아가 개별적이고 독립적이라는, 즉 자율적이라는 관점이다. 이 관점은 자아가 외부 권력의 지배를 받지 않고 스스로 다스린다고 본다. 철학자 이마누엘 칸트가 이런 관점을 설파한 대표 주자라 할 수 있다. 이 관점은 자치에 관한 루소의 사상(칸트에게 영향을 주었다.)과 연관이 있으며, 자기를 다스릴 줄 알아야 남도 다스릴 수 있다고 주장한 고대 그리스 철학자들에서 유래한 태도를 담고 있다. 인간은 자신과 자기 삶의 지배자가 되기를 원한다는 적극적 자유에 관한 벌린의 이론이 이것을 기반으로 한다. 철학자들은 이것을 자유 의지라는 용어로 설명하기도 하지만(3장에서 도스토옙스키를 언급한 내용을 참고할 것), 사실 자율성과 자유 의지의 관계는 그보다 더 복잡하다.

자아에 대한 또 다른 근대적 개념은 자아가 언제나 감시를 받고 있고 사회공학을 통해 조작된다는 관점이다. 이 조작된 자아는 전적으로 외부 영향과 기술에 의해 형성되고 결정된다. 대개 이런 일은 돈을 벌거나 정치적 권력을 유지하기 위해 이루어지지만, 그 의도가 선한 경우도 있다. 이를테면 사회과학이나 통계 등의 학문을 이용하여 사회와 그 사회의 구성원들을 발전시키려는 경우다. 이와 같은 관점을 대표하는 사람은 19세기 프랑스 철학자이자 사회학의 또 다른 시조인 오귀스트 콩트다. 콩트는 인간 행위에 대한 과학적인 접근법을 옹호하면서 그것이 사회를 이해하는 데 유용할 뿐만 아니라 가장 효율적으로 사회를 통제하고 더 나은 사회를 만드는 데도 도움이 된다고 주장했다. 이것이 바로 사회공학이다. 그는 확실한 과학적 지식에 기반하여 정부를 합리화할 것을 제안했다. 20세기 초에 이미 통계와 확률 이론은 사회과학에 이용되고 있었다. 푸코의 규율 관행에 관한 역사 분석도 마찬가지다. 데이터와 통계를 활용한 규율 관행은 AI를 사용하지 않고도 가능했다. 근대 학문은 언제나 인문주의와 계몽주의라는 이름으로 사람들을 길들이고 통제하는 데 이용되어 왔다.

　자아에 대한 이 두 가지 관점은 완전히 상반되지는 않지만 서로 대립되는 지점이 있다. 자율성이라는 철학적 이상과는 반대로 조작되고 감시받는 자아는 타율적인 자아다. 스스로 다스리지 않고 스스로 통제하지 않으며 타인에게 의존하고 타인의 규제를 받는다. 조작된 자아는 이성적인 통제력, 창조력 또는 자유 의지를 갖는 대상이 아니라 통제될 수 있고 통제되어야 하는 행위 기계로 간주된다. 그러므로 사람을 이런 식으로 취급하는 것은 근대의 자율적 자아 개념의 이상을 모욕하는 것이다.

　　오늘날 이 두 관점 사이의 대립은 인공지능에 관한 논의에서 다시 등장한다. AI를 반대하는 사람들은 자아와 사회를 정량화하고 조종하며 교묘하게 공작하는 데 사용되는 AI의 위협으로부터 자율적이라고 일컬어지는 자아를 보호해야 한다고 주장한다. 1990년대에 질 들뢰즈는 현대 사회를 규정하며 '통제 사회'라는 용어를 사용했다.[11] 푸코가 규율 사회를 설명한 이후에는 더 가변적인 모듈이 생겨났다. 이제는 근대적 개인(individual)이 아니라 수많은 데이터베이스와 컴퓨터 파일에 분산되어 있는 분인(dividual)이 존재한다. 컴퓨터는 통제 사회에 속한 기계다.[12] 그것은 추적과 통제를 가능하게 한다. 그리고 오늘날 AI 기술은 그런 형식의 통제를 강화한다. 우리는 더 이상 근대적 개인이 아니라 탈근대적 분인으로 AI를 비롯한 디지털 기술에 의해 분석되고 통제된다.

　　이런 사실은 다시 전체주의에 대한 공포를 불러일으킨다. 그러나 푸코와 들뢰즈 모두 정치는 단순히 정부가 행사하는 하향식 권력의 문제가 아니며 권력은 어디에나 있고 (첨언하면) 기술과 복잡하게 얽혀 있다고 설명한다. 다시 말해 중앙 집권화된 하향식 정부를 상징하는 근대 초기의 리바이어던은 더 이상 없다는 것이다. 대신 그 괴물의 유골은 데이터 바다에 흩뿌려져 있으며 그것의 영혼은 우리를 조종하고 감시하고 통제하는 데 쓰이는 무형과 무음의 AI 알고리즘 작업 안에서 재잘대고 있다.

재밌는 사실은 개인의 자율성을 옹호하는 철학자든 사회공학을 옹호하는 철학자든 모두 계몽주의의 전통을 따르고 있다는 점이다. 이들은 이런 극단적인 유형의 계몽주의를 적극적으로 수용하면서 전통적인 권력 형태를 거부하고 그것을 자치와 과학의 지배로 대체한다. 또 자아가 전통적인 사회에 의해 결정된다는 관념을 거부하고 자아를 완전히 자유로운 존재 아니면 완전히 지배(하향식 또는 다른 방식으로)당하는 존재로 규정한다.

그러나 앞서 논의한 관계적이고 서사적이며 성장하는 자아라는 개념과 현대 기술철학의 가르침을 고려할 때, 자아에 대한 이 두 가지 관점 모두 심각한 문제를 안고 있다. 자아는 데이터로 단순화시킬 수도 단순화시켜서도 안 되며 타인에 의한 지배는 도덕적으로 바람직하지도 올바르지도 않다는 인문주의자들과 루소, 칸트식 계몽주의 지지자들의 주장은 옳다. 그러나 자아가 자율적이라는 말은 틀렸다. 인간의 자아는 타인에 의해 형성되며 기술은 물론 자신이 성장해 온 기술 환경의 영향도 받는다. 인간의 자아는 사회적 관계성과 기술적 관계성이라는 특징을 모두 지닌다. 이는 호모 사피엔스가 등장한 이래 변함없는 사실이었다. 호모 사피엔스는 언제나 사회적 존재였으며 도구를 사용한다는 점에서 호모 테크놀로지쿠스였다. 인간은 늘 기술과 밀접한 관계를 맺으며 살아왔다. 인간은 항상 사이보그였다. 그리고 늘 기술을 이용하여 자기 계발을 해 왔다. 이것 자체는 문제가 아니며 그저 인간이라는 존재와 인간이 되어 가는 과정의 한 측면이라 할 수 있다.

인간과 기계의 이런 복잡한 관계는 AI로 인해 새로운 양상을 띠게 된다. 진정 자아를 개선하고 싶다면 일단 타인이나 기술로부터 분리된 자아를 만들어 내는 것이 불가능하다는 사실을 인정해야 한다. 통제되고 가분(可分)되는 완전히 타율적인 자아라는 개념은 거부해야 하지만 그렇다고 완전히 자율적인 자아가 발전을 의미하는 것은 아니다. 그것은 더 이상 인간의 특징이 아니기 때문이다. 그러므로 자율성에 호소하는 주장은 AI가 기술이기에 당연히 자아에 위협이 된다는 이유로 AI를 거부하는 데 사용될 수 없고 사용되어서도 안 된다. 자아는 이미 사회적이고 기술적인 특징을 지니고 있으며, 꼭 필요한 자율성이 있다면 자아의 그런 관계적 의존성을 인정하는 자율성뿐이다. 관계적 의존성은 우리를 구속하면서도 많은 것을 가능하게 한다.

그러나 기술에 대한 실존적 의존성을 인정한다고 해서 반드시 인간이 곧 기술이라는 말은 아니다. 오늘날 자기 계발 개념에 활기를 불어넣고 있는 것은 인간이 인공물이라고 주장하는 상대적으로 최근에 등장한 다소 독특한 사상이다. 이것은 자아를 완전히 처음부터 만들어낼 수 있는 일종의 예술품이자 기술이라고 본다. 실존주의에 의해 더 극단적인 형태로 발전된 이 사상은 오늘날 업그레이드되고 인간을 뛰어넘는 자아를 꿈꾸는 트랜스휴머니스트들의 이상에 다시 등장한다. 그들은 자아가 자기 만들기 나름이라고 말하지만 그건 착각이다.

물론 인간에게는 삶의 방향을 결정하고 스스로 자아를 만들어 갈 수 있는 자유가 어느 정도는 있다. 그마저도 우리가 살고 있는 공동체와 사회의 영향을 받지만 말이다. 인간은 누구에 의해서도, 심지어 자기 자신에 의해서도 창조되는 존재가 아니다. 인간은 그냥 태어난다. 그리고 성장하고 발전한다. 우리는 영원불변한 존재가 아니다. 인간은 누구나 죽는다. 기술은 이런 사실을 바꿀 수 없다. 실존주의자들의 주장처럼 인간은 존재하지만 본질을 갖지 않는다는 말은 사실이다. 그러나 사르트르가 강조했듯이 인간이 사물이 아니라면 그 말은 곧 인공물도 아니라는 의미다. 자아는 도구가 아니며, 우리는 자아를 가공할 수도 설계할 수도 없다.

　　물론 변화와 개선의 여지는 있다. 인간을 어느 정도는 바꿀 수 있고 어쩌면 바꾸어야 한다는 것은 맞는 말이다. 현대 의학으로 인간 수명이 연장되었다는 사실이나 유전자 기술로 일부 유전 질환을 치료할 수 있다는 사실만 봐도 그렇다. 그러나 인간은 언제나 환경과 상호 작용하면서 성장해 왔고 성장하고 있다. 또 우리가 태어날 때 갖고 태어나 시간에 따라 변화하는 육체와 우리가 사는 사회, 문화 그리고 그 속에 사는 사람들과도 상호 작용하면서 성장한다. 인간은 일정 정도만 만들어지고 일정 정도만 선택권을 갖는다. 지금의 내 모습에 대해 나는 완전히 자유롭지 않다. 인간은 어느 정도만 변할 수 있다. 문화 지평이 존재하고 우리가 거주하는 자연환경이 낳은 생물학적 한계와 장벽이 존재하기 때문이다. 이런 한계는 변한다. 한계는 극복될 수 있기도 하고 꼭 극복되어야 하는 경우도 있다. 어쩌면 한계를 뛰어넘는 일 자체가 현대 서구 문화의 지평이라고 할 수 있다.

기술이 바로 이런 한계를 넓히고 경계를 뛰어넘는다. 지구의 경계는 물론 자아의 경계마저도 뛰어넘어 '내밀'한 '내면'의 영역이라고 알려진 곳까지 파고든다. 기술은 마치 프로메테우스의 반항과도 같은, 신이 하라는 대로 따르지 않고 남을 도우려는 행위와 같다. 그러나 자기 계발이 자기 조작을 의미한다면 그것에는 한계가 있다. 우리가 아무리 유감으로 생각한들 인간은 기획 상품이나 예술 작품이 아니다. 우리가 '자아'라고 부르는 것의 대부분은 주어진 것이다. 저명한 철학자이자 인류학자이며 사회학자인 브뤼노 라투르가 인간 사회가 한 번도 근대였던 적이 없다고 말한 것처럼, 혹자는 인간이 근대적 자아였던 적이 없다고 말할 수 있다.[13] 우리는 선택하고 행동한다. 하지만 언제나 우리가 의지하는 것, 의지하는 사람, 다시 말해 사회 문화적 환경, 기술 환경, 자연환경 등에 의해 만들어져 왔다. 인간은 뼛속까지 관계적이고 환경의 영향을 받는 존재다.

그러므로 더 나은 인간이 되고 싶다면 먼저 자기 자신을 받아들이고 자기 인식에 대한 한계를 인정하며 타인을 기꺼이 수용하고 주위 환경에 건설적으로 대응해야 한다. 자기 자신을 반드시 사랑해야 한다면 루소가 권고한 자기애, 즉 자신을 타인과 비교하지 않고 인정하는 자기애를 발전시켜야 한다. 그런 자기애가 있다면 대개 자기 자신과 남을 희생시켜 개선하고자 했던 것마저 파괴해 버리는 집착적인 자기 계발을 할 필요가 없다. 진정으로 자신을 발전시키고 싶다면 자기 계발 행동에만 기댈 것이 아니라 성장을 시작해야 한다. 성장을 위해서는 주고받을 수 있는 타인과 환경이 필요하다. 우리는 이미 많은 것을 받았고, 이야기와 역사가 있다. 우리는 인간이 무엇이든 그릴 수 있는 빈 캔버스, 무엇이든 만들 수 있는 원자재나 줄기세포가 아니라는 사실을 받아들여야 한다.

인간에게는 서사적 정체성이 있고 인격이 있으며 전통이 있고 육체적, 유전적 한계가 있다. 우리는 자기 자신을 바꾸고 발전시킬 수 있지만 자신을 완전히 알지도 못하고 완벽하게 통제할 수도 없으며 무엇이든 될 수도 없다. 절대적인 자율성과 자아 창조는 불가능하다. 이런 한계가 절대 불변하는 것은 아니더라도 우리는 자기 자신과 한계를 받아들일 필요가 있다. 한계는 무언가를 할 수 있게 만들어 주는 조건이 되기도 한다. 인간은 상처 입기 쉽고 의존적이며 내가 아닌 것, 타인과의 상호 작용 안에서 발전한다. 나와 내가 아닌 것은 필연적이면서도 어쩌면 비극적인 울타리 안에 긴밀하게 묶여 있다.

실제로 이러한 관계성과 의존성은 (즐겁기는커녕) 긍정적인 것만은 아니다. 자기 자신을 있는 그대로 받아들인다는 것은 수동성을 의미하지 않는다. 우리는 반드시 대응하고 어느 정도 통제력을 갖고 반격하며 행동에 나서야 한다. 인간으로서 우리는 타인의 도움을 받거나 타인에 맞섬으로써 행위자성(agency)을 발달시켜야 한다. 생물 종으로서 인간은 생존을 위해 자연환경을 이용하는데, 자연환경에는 기술의 힘을 빌려 완화하고자 하는 위험 요소가 많기에 이것이 항상 낭만적인 소풍이나 행복한 결말의 이야기인 것은 아니다. 자신을 있는 그대로 받아들이는 것은 위험과 문제를 해결하는 데 현대 과학과 기술을 이용해서는 안 된다는 의미가 아니다. AI가 그런 위험과 문제를 해결하는 역할을 할 수 있다. AI는 인간의 취약성을 해결하는 데 유용하게 사용될 새로운 도구 중 하나다.[14]

게다가 우리는 특정한 사회적 환경에 속해 있다. 이 사회는 우리의 터전이고 지금의 우리를 있게 한 곳이지만 동시에 고유한 위험이 존재하고 갖가지 장벽이 있다. 우리는 루소가 『에밀』에서 설파한 교훈을 마음에 새기고 자신과 타인을 항상 비교함으로써 타인(그리고 자기 자신)에게 억압되는 일이 없도록 해야 한다. 캐런 카보의 말처럼 때로는 "될 대로 되라지."의 태도가 도움이 될 수 있다.[15] 우리는 자기 자신을 고치고 다듬어야 한다는 사회적 압박에 저항해야 한다. 장사꾼, 소셜 미디어 인플루언서, 광고주들이 하는 이야기에 귀 기울이지 말고, 또 타인의 평가에 지나치게 연연하지 않는 편이 좋다. 카보는 여성들의 낮은 자존감, 특히 외모에 대한 낮은 자존감이 상업적으로 이용되는 것을 특히 우려한다. 그러나 루소가 이야기한 대로 경쟁이 치열한 사회를 사는 사람들이 고군분투하는 방식은 때로는 같고 때로는 다르다는 사실을 인지하면 모두에게 해방의 길이 열릴 수 있다. 자신의 행복과 발전을 온전히 다른 사람들에게 의지하는 것은 현명하지 않다. 카보의 표현을 빌려 말하면 이 세상은 대체로 형편없다. 이런 점에서 어느 정도의 극기심은 건전해 보인다. 그런 극기심이 없다면 자기를 발전시키는 일은 물론 타인을 성장시키는 것도 불가능하다.

일반적으로 우리는 오랜 학문 전통에서 영감을 얻어 자기 계발을 하고 태도를 바꿀 수 있다. 이런 오랜 학문 전통은 비서구권 문화의 사상, 이를테면 불교나 유교 사상일 수도 있고 스토아 철학이나 쾌락주의 같은 고대 서양 철학일 수도 있다. 자기 인식과 좋은 삶에 관한 고대 철학의 탐구는 오늘날에도 여전히 유의미하다. 사르트르의 말처럼 인간은 자유롭도록 운명 지어지지 않았다. 적어도 그것이 스스로 원하는 것은 무엇이든 될 수 있는 완전한 자유를 의미한다면 말이다. 그러나 인간인 우리가 자아를 발견하고 좋은 삶을 살기 위해 노력하도록 운명 지어졌다는 사실은 분명하다. 실존주의와 근대 철학적 인간학은 인간이 동물과 달리 고정된 존재가 아니라고 주장한다. 니체가 『선악의 저편』에서 설명했듯이 인간은 확정되지 않은, 지속적으로 변하는 동물이다. 고정된 경계가 없다는 의미에서 인간은 개방성을 지닌다. 이에 관해 포스트휴머니즘은 옳은 말을 한 셈이다. 이것을 나의 방식대로 풀어 설명하면 인간은 언제나 타인과의 관계에서 자기 자신을 규정한다고 말할 수 있다.

인간은 관계적 존재다. 인간은 다른 인간과 인간이 아닌 존재를 이용하여 자기 자신을 규정한다. 또 타인의 시선을 의식하는 존재이기 때문에 근대 사상가들이나 실존주의자들이 예상한 것에는 훨씬 못 미치더라도 자기 뜻대로 자기 모습을 만들고 자기를 계발하려고 할 뿐만 아니라 심지어 그것을 필요로 한다. 그러나 인간은 기껏해야 자기 계발에 영향을 미칠 수 있을 뿐이다. 비록 사회 전체가 정반대로 말하고 있지만, 인간은 절대 자기 자신을 자기 뜻대로 만들지도 재창조하지도 못한다. AI 같은 기술이나 철학은 그런 영향을 형성하는 데 유용하게 사용될 수 있다. 그러나 우리가 자기 계발에 지나치게 집착한다면 그 목표에 도달하지 못하고 그런 노력을 들일 가치도 없는 자아가 되고 말 것이다.

그러나 이런 조언도 자조에 관한 충고처럼 들리거나 작금의 자기 계발 문화를 다시금 떠올리게 하는 듯하다. 이런 조언들은 자기 계발에 대한 욕망을 무자비하게 부추기는 세상에서 자기 계발에 굶주리고 목숨 건 대중에게 파는 자기 계발 서적이나 격언처럼 쓰이기 쉽다. 게다가 본질적으로 자기를 바꾸는 것은 너무 어려운 일이다. 우리가 사는 이 세상에는 이미 작동하고 있는 기존의 기술적, 사회 경제적 환경과 관행이 있다. 역설적이게도 그리고 자아의 관계적 특성을 고려할 때 자신을 바꾸고자 한다면 기술적, 사회 경제적 환경 또한 바꾸어야 한다. 카보의 "될 대로 되라지."와 같은 개인주의적 태도나 고대 사상에 관한 근대 개인주의자들의 해석만으로는 부족하다. 개인에 집중한다고 해서 되는 게 아니기 때문이다. 우리가 사는 사회를 바꾸지 않고서는 우리 자신을 바꿀 수 없다. 우리가 루소로부터 배울 수 있는 것은 인간이 올바른 종류의 정치적 질서 안에서만 자기답게 살고 도덕적으로 성장할 수 있다는 사실이다. 카보의 언어로 표현하자면 성공의 열쇠는 "될 대로 되라지. 이 절망적인 세상 외면하면 그만이야."가 아니라 "이 망가진 제도를 함께 바꿔 보는 게 어때?"가 되어야 한다.

또 다른 사회:
사회 변혁 없이 자기 계발은 없다

정리해 보자. 더 이상 나뉠 수 없는 개인을 중심에 두는 개인주의적(그리고 가분체적) 해결책을 피하고 보다 관계적인 방향으로 나아가야 한다는 사실은 분명하다. 그렇다면 관계적인 방향으로 나간다는 것은 어떤 의미일까?

우선 다른 태도를 취함으로써 자기중심성을 극복하고 타인과의 관계를 재평가하는 것이라 해석할 수 있다. 이는 조금 전 논의에서 이미 제시된 방법으로, 적어도 최근 등장한 자기 계발에 관한 새로운 이론 하나와 궤를 같이한다. 덴마크 심리학자인 스벤 브링크만은『불안한 날들을 위한 철학』에서 점점 더 가속화되는 삶의 속도와 그 속도에 발맞추어 스스로 적응하고 발전하라는 사회적 요구를 비판한다. 스토아 철학의 영향을 받았으나 타인에게 관심을 쏟는 것을 중시하는 그는 자조를 신경 쓸 것이 아니라 자기 자신을 있는 그대로 받아들이고 다른 사람들과 평화롭게 공존하는 것에 집중하라고 권고한다. 쓸데없는 자아로의 침잠을 그만두자는 것이다. 끊임없이 비교하는 것을 그만두고 타인과 자연에 관심을 돌리자는 이야기이니 훌륭한 조언인 듯하다.

　이 제안의 핵심은 역설적이게도 자기 자신을 알기 위해 관심을 내부가 아닌 외부로 돌리는 것이다. 이는 고대 스토아 철학의 명령을 건전하게 도치시킨 형태, 또는 적어도 그동안 사상사에 늘 존재해 온 '자아 성찰'에 대한 해석의 전도라 할 수 있다. 여기에 나는 완전한 자기 이해(인간의 정신은 여전히 알려지지 않은 부분이 많다.)나 완벽한 자기 통제(정신을 건설 현장으로 보는 것)가 불가능하다는 사실을 받아들여야 한다고 덧붙이고 싶다. 그것은 심지어 바람직하지도 않다. 혹자는 니체처럼 이렇게 말할 것이다. 자신을 길들이는 데 너무 집착하지 말고, 삶을 살고 긍정하라!

　그러나 이런 반자조적 조언조차 여전히 자아, 심리, 개인의 태도와 행동에 관해 이야기한다. 자아와 개인에 관심이 집중되는 것을 정말로 극복하기 위해서는 고대 사상, 비서구권 이론, 현대 심리학에서 빌려 온 자아에 대한 관점 외에도 진정한 사회 정치적 접근법이 필요하다. 또 다른 자조 활동, 또 다른 자기 계발 조언이라는 덫에 빠지지 않기 위해서는 자기 계발 위기에서 벗어나는데도 집단행동과 사회 변혁이 필요하다는 사실을 깨달아야 한다. 4장과 5장에서 확인했다시피 문제는 개인에게만 있는 것이 아니라 사회적, 사회 경제적 차원에도 있다. 나르시시즘은 사회적 문제이자 문화적 문제다.

나는 마르크스와 마르크스 이론가들로부터 영감을 받아 착취적인 사회 경제 관계를 종식해야만 진정한 자기 계발이 가능하다고 주장했다. 우리는 자기 자신을 발전시키는 것이 온전히 자기 책임이라는 생각을 버려야 한다. 스토아 철학, 근대 프로테스탄트 문화, 나아가 자아와 자기 계발에 천착하는 문화 일반에는 변화에 대한 모든 책임을 개인에게 지울 위험이 있다. 이런 기조를 유지하는 것은 지혜의 잠재적 원천이 되기도 하지만 모순적이게도 오늘날 자기 계발 위기의 원인이기도 하다. 우리는 타인과 자연에 더욱 관심을 쏟는 방식으로 자아를 발전시키는 것뿐만 아니라 체제를 바꿀 필요도 있다. 노예를 위한 금욕주의가 아니라 자유로운 인간이 진정 스스로 발전하고 정치적으로도 성장하는 방식으로 자아실현과 자기 계발을 할 수 있는 사회를 이룩해야 한다.

자아를 정치적으로 인식하는 것은 루소나 마르크스,

듀이, 매킨타이어와 같은 서구권 철학에서 이미 어느 정도 확인되며 아리스토텔레스의 이론에 뿌리를 두고 있다. 이와 같은 사고는 대부분의 근대 윤리나 정치철학이 그러하듯 개인에서 출발하는 것이 아니라 아리스토텔레스가『정치학』에서 말한 인간의 정치적 본성을 인정하는 것에서부터 시작한다. 아리스토텔레스는 인간이 본래 정치적 동물이라고 주장했다. 이는 모든 인간이 정치에 뛰어들고 싶어 한다(현대적 의미에서는 직업 '정치인')는 의미가 아니라 소위 사회적 존재이자 시민이라는 의미다. 인간이 행복하고 번영을 누리기 위해서는 다른 사람들과 협력하고 공동체 안에서 살아야 한다. 아리스토텔레스에 따르면 도시(폴리스)는 이에 특히 적합한 공간이었다. 인간은 다른 사람과의 대화를 통해 함께 살아가는 방법을 터득할 수 있다. 루소나 매킨타이어와 같은 철학자들은, 어떤 의미에서는 마르크스와 듀이도, 아리스토텔레스의 이런 자아에 대한 정치적 관점을 따랐다. 이들에게 인간의 사회성은 매우 중요한 요소였다. 만약 자아에 대해 논의하기를 원하고 논의해야 한다면, 우리는 이 자아가 사회적, 정치적 환경 안에서만 발달할 수 있음을 이해해야 한다.

　　하지만 자기 계발의 사회적 속성을 인정하는 것이 반

드시 사회 환경을 있는 그대로 받아들인다는 의미는 아니다. 오히려 그 반대로 앞서 언급한 근대 사상가들은 사회 변혁을 옹호한 것으로 유명하다. 루소는 근대 사회를, 마르크스는 자본주의 사회를 반대했고, 듀이는 충분히 민주적이지 않고 소통이 부족하며 과학 친화적이지 않은 사회(포스트 트럼프 시대에 많이 들어 봄직한 주제)를 비판했으며, 매킨타이어는 공동체의 가치를 부정하는 사회에 반기를 들었다. 우리는 이런 사상가들로부터 오늘날 자기 계발 위기를 해결하는 데 필요한 지혜를 얻을 수 있다. 만약 진정으로 자기 계발에 대한 집착에서 벗어나기를 바란다면 우리를 그런 존재로 만드는 사회, 그런 방식으로 빚어내는 사회도 거부할 필요가 있다. 치열한 경쟁 사회의 일개 참가자가 되고 싶지 않다면 참가자들이 스스로 돌볼 수 있는 방법을 논의하여 비참한 삶을 조금 개선하고 말 게 아니라 경쟁 사회 자체를 바꾸어야 한다. 잘못된 것이 사회적 문제라면 사회를 개선해야 한다. 사회 변혁은 조직화된 나르시시즘을 막는 방법이다. 더 나은 사회를 만들면 더 건강하고 덜 파괴적인 방식으로 더 나은 자아를 만들 수 있다.

그렇게 되면 자기 계발은 사회 발전의 기분 좋은 부산물이 된다. 아리스토텔레스와 그의 이론을 계승한 사상가들이 맞다면, 진정 우리를 더욱 강인하고 자신감 넘치며 더 나은 사람으로 만들어 주는 것은 네오 히피가 추구한 내면으로의 침잠이나 지나친 자기도취적 힙스터식 자기 계발이 아니라 사회 변혁이다. 착취와 경쟁이 난무하는 사회 경제적 환경을 거부한다면, 함께할 미래를 어떻게 만들어 갈지 진지하게 논의할 수 있는 민주적이고 열린 정치 공동체를 이룩한다면, 자아를 발전시키는 일은 더 이상 지금과 같은 고단한 투쟁이 되지 않을 것이다. 그런 환경에 사는 것만으로도 더 나은 사람이 될 수 있기 때문이다. 그동안 개인은 모든 책임을 개별적으로 독립된 자아에 지우던 근대 프로테스탄트 개인주의 윤리에 의해 억압받아 왔다. 그러나 자기 계발에 대한 사회적, 정치적 접근법에 따르면 자기 계발의 책임은 더 이상 개인에게 부과되지 않는다. 이제 계발은 공동의 목표, 함께 성취해야 할 과제가 된다. 그리고 그것은 우리가 함께할 때만 이뤄 낼 수 있다.

또 하나의 좋은 소식은 이전 장들을 통해 독자들이 내렸을 법한 결론과는 반대로 요즘 새로운 세대들은 자기 계발에 집착하지 않는다는 사실이다. 자기 계발을 하더라도 온통 자기 자신에만 관심을 쏟지는 않는다. 오늘날 젊은 사람들은 대부분 자기 계발에도 열심이지만 이전 세대와는 다른 삶의 방식에 관심을 두고 새로운 사회 제도를 갈망한다. 많은 이들이 변화의 때가 도래했고 실제로 이미 많은 것이 변하고 있다고 생각한다. 밀레니얼 세대와 Z세대 대부분이 세계와 지구를 걱정하고 실제로 행동에 나서며 시위에도 참여한다. 월가 점령 운동, 기후 위기 대책을 촉구하는 운동이 대표적인 예다. 윤리와 환경을 이유로 식단을 바꾸는 이들도 많다. 여기에는 위기의식은 물론 개인적, 사회적 차원 모두에서 변화가 필요하다는 자각이 담겨 있다. 청소년과 학생들은 새로운 세상을 원하며 자신들이 더 나은 세상에서 살 자격이 있다고 믿는다. 옳은 말이다.

그러나 20세기의 역사가 증명하듯 급진적인 사회 변혁을 계획함으로써 더 나은 사회를 이룩하려는 시도에는 위험성도 존재한다. 공상적 이상주의와 전체주의 위험이 그것이다. 인간의 자아가 온전히 창조될 수 있는, 자기 뜻대로 만들 수 있고 만들어져야 하는 빈 캔버스와 같다는 생각이 착각인 것처럼 사회 역시 완전히 원하는 대로 '주물'될 수 있는 것은 아니다. 만약 그렇다면 거기에는 인간과 환경의 엄청난 희생이 따를 수밖에 없다. 인간의 자아가 그렇듯 인간 사회도 속속들이 이해하기 어렵다. 사회는 인간이 만든 것이지만(그렇기에 바뀔 수 있고 바뀌어야 하지만) 기술을 이용해 만든 물건과는 다르다. 사회는 스스로 발전하며, 인간은 사회에서 어떤 일이 일어나고 있는지 완전히 알지 못한다. 모두 바꾸기를 바라서도 안 된다. 마치 핸드폰을 새것으로 바꾸듯이 사회 전체를 새것으로 바꿀 수는 없다. 그런 시도에는 엄청난 대가가 따른다. 극단적인 형태의 자본주의와 사회주의가 새로운 세상을 세웠지만 동시에 많은 것(사람, 경제, 환경 등)을 죽이고 파괴했다. 사회 구성원 간의 유기적 관계는 일부가 손상되더라도 쉽게 회복될 수 없다. 그것은 대체, 수리, 업그레이드가 가능한 기계가 아니기 때문이다.

자아와 마찬가지로 현대 사회와 문화에는 주어진 것들이 있고 그 주어진 것들에는 어떤 가치가 있다는 사실을 우리는 인정할 필요가 있다. 사회는 저절로 만들어지는 것이 아니고 그래서도 안 된다. 사회는 온전한 인공물도 아니다. 사회는 진화하며 고유한 작동 원리를 지닌다. 역사도 품고 있다. 사회 변혁은 긍정적일 수도 있지만 어떤 형태의 사회 변혁은 이미 존재하고 잘 작동하고 있으며 심지어 번영을 누리고 있는 사회 생태계와 공동체를 파괴하기도 한다. 그렇기에 단순히 자아 개조 프로젝트를 사회 개조 프로젝트로 치환하는 일은 권장되지 않는다. 자기 계발에 대한 현대 사회의 강박, 기술이 모든 것을 해결할 수 있다는 믿음, 20세기 정치적 강요와 말소의 역사의 관점에서 보면 이상하게 들릴지 모르지만, 변화와 발전의 이름으로 우리 자신과 사회에 할 수 있고 해야 하는 일에는 한계가 있고 한계가 있어야 한다.

그러나 인간이 이룩해 온 사회를 고려할 때 모든 형태의 사회 개조를 피하기란 쉽지 않다. 민족 국가, 자본주의 권력 체계와 같은 집단적 사회 구조가 일단 작동하기 시작하면 (통계나 AI 등을 통한) 일정 형태의 사회 개혁이나 개조는 불가피하다. 대중을 조직하는 일에는 빅데이터와 정보가 필요하다. 더 높은 수준의 조직화에는 AI 활용이 요구될 것이다. 더는 나누어질 수 없는 개인과 무수히 나누어지고 데이터화되는 가분체로 이루어진 '사회'가 한번 형성되면 이미 늦은 것이고 변화는 더욱 어려워진다. 오늘날처럼 새로운 기술이 끊임없이 등장할 것으로 예측되는 경우 AI라는 리바이어던을 통해 사회를 조직한다는 생각, 다시 말해 AI를 이용하여 사회 질서를 바람직한 방향으로 이끌고 통제한다는 생각이 꽤 매력적으로 보일 수 있다. AI를 이용하여 기후 변화를 해결하자는 주장이 대표적인 예다. 그렇다면 가이아 이론의 창시자이자 과학자인 제임스 러브록이 『노바세: 하이퍼인텔리전스 시대의 도래』에서 주장한 것처럼 인간은 너무 우매하니 AI가 인간을 대신해야 할까? 또 이것이 과연 자유를 해치지 않고서 실현될 수 있을까?[16]

이런 정치적, 기술적 리바이어던 시나리오를 피하고 싶다면(당연히 그래야 하지만) 이런 형태의 통제가 수반되지 않고 그런 통제에 의해 유지되지 않는 새로운 사회 구조를 상상해 보아야 한다. 어쩌면 인류에게는 여전히 여러 지역에 걸쳐 광범위한 영향을 미치는 전 지구적 문제를 해결할 정치체가 필요할지 모른다. 그러나 지금은 우리가 처한 (포스트)모더니즘 사회의 수렁을 벗어나고 기술을 통제하며 함께 살아갈 수 있는 대안을 고려하는 것이 바람직하다.

이것은 머나먼 미래를 상상하는 일이 아니다. 이미 대안적 사회 제도를 수립하려는 시도가 있다. 그동안 여러 차례 실험이 이루어졌고 지금도 이루어지고 있다. 이런 대안 사회를 경험해 본 사람들도 있다. 1970년대와 1980년대에 있었던, 심지어 오늘날에도 존재하는 자유도시, 히피 코뮌, 에코 공동체, 협동조합, 수도원, '계획 공동체' 등이 그것이다.[17] 근대 및 포스트모더니즘의 다양한 형태의 통제에 맞서 대중이 상향식으로 네트워크와 공동체를 구축하고 유지하는 전통적 방식과 대안적 방식을 인지하고 연구하는 일이 바람직한 방향으로 나아가는 첫걸음이 될 수 있다. 우리에게는 국가를 통치하는 문제에 지나치게 집착하지 않고 대안적 형태의 거버넌스를 찾는 데 더 많은 관심을 두는 정치철학이 필요하다. 한 세기도 더 지났으니만큼 19세기의 지난하고 유해한 민족주의에서 완전히 벗어나야 한다. 우리는 사회 변혁에 대해 고찰하는 자아의 철학이 필요하다. 그리고 그것은 비민족주의적 사고여야 한다.

사회 변혁에 관한 이론을 포함해 다수의 사회 정치 이론이 사회와 정치의 특성을 설명하는 과정에서 기술과 물질의 역할을 간과해 온 것도 문제다. 생산 수단으로서 기술의 중요성을 인정하여 자본주의 분석에서 기술을 중요하게 언급했던 마르크스마저도 기술이 사회와 개인(의 자아)에 영향을 미치는 다양한 방식에 대해서는 충분히 이론화하지 않았다. 게다가 기술은 사회 이론에서 위협적인 것으로 해석되거나 결정론적 방식으로 이해되는 경우가 많았다. 근대 사회에 관한 20세기 이론 대부분은 기술에 대해 매우 비관적인 시각을 견지해 왔다. 기술과 효율성을 중시하는 문화가 사회를 지배하고 인류를 파괴한다고 주장한 자크 엘륄의 『기술 사회』가 대표적인 예다. 마르틴 하이데거의 기술에 관한 이론 역시

보통 비슷하게 해석된다.[18]

　　현대 기술은 위협적인 것으로 간주되지만, 현대 기술 철학을 따르면 기술에 관한 새로운 관점을 취할 수도 있다. 그것은 비판적인 시각을 유지하면서도 기술이 우리 자신과 사회를 바꾸는 데 긍정적이고 건설적인 역할을 할 수 있다고 보는 관점이자,[19] 새로운 기술이 인간을 긍정적인 방식으로 바꿀 수 있다는 가능성을 배제하지 않는 관점이다. 기술과 문화가 어떻게 복잡하게 연결되어 있는지에 대해서도 논의할 것이 많다. 다음 장에서는 기술이 어떻게 해결책의 일부가 될 수 있는지 살펴보겠다.

7

다른 서사를 품은 기술이 필요하다

 5장에서 자기 계발과 관련하여 AI가 지닌 문제적 측면을 지적했고, 책 전반에 걸쳐서는 기술이 작금의 자기 계발 문화와 그 역사에 어떤 영향을 미치며 어떤 병폐를 일으켰는지 설명했다. 그렇다면 AI를 비롯한 기술이 새로운 형식의 바람직한 자기 계발 문화를 조성하는 데 도움이 될 수는 없을까?

 나는 도움이 될 수 있다고 생각한다. 기술은 문제의 원인이기도 하지만 동시에 해결책이 될 수도 있다. 우리에게는 새로운 기술이 필요하다. 새로운 종류의 자기 인식과 자기 계발을 성취하는 데 도움이 되는 기술 말이다. 새로운 종류의 자기 인식과 자기 계발이란 수치가 아닌 질에 관심을 두고 고유의 한계를 인식하며 더욱 지속 가능하고 심오한 자기 발전을 가져다주는 것을 말한다. 또 고대 철학 전통과 인문주의가 장려한 것만큼 깊이 있고 비서구권 문화에서 발전된 것만큼 핵심적인 자기 인식과 자기 계발을 의미한다. 우리에게 필요한 기술은 자기 자신을 관계적인 측면에서 이해하고 개인적이면서 공동체적이고 집단적인 자기 계발 과정(이러한 자기 계발의 과정이 곧 사회를 발전시키는 과정이다.)에서 타인을 파트너로 인식하는 데 도움을 주는 기술이다. 우리에게 필요한 기술은 새로운 관계와 새로운 의미를 창출하고 새로운 형태의 개인적, 공동체적 성장을 가져오는 데 도움이 되는 기술이다. 우리에게 필요한 기술은 사회를 바꾸고 새롭고 더 나은 문화를 창조하는 기술이다.

우리는 기술이 자기 계발, 사회, 문화와 아무런 관계가 없다고 생각하는 경향이 있기에 이런 식의 주장이 이상하게 들릴 수도 있다. 그러나 이는 잘못된 생각이다. 기술은 인간 문화와 다양한 측면에서 복잡하게 얽혀 있다. 기술은 우리 개인과도 관련이 있지만, 인간이 함께 살아가는 방식과도 관련이 있다. 나는 비트겐슈타인의 용어를 빌려 기술이 게임과 삶의 형식에 깊숙이 자리하고 있다고 주장한 바 있다.[1] 기술을 이용하는 일은 우리가 하는 활동의 일부이자 사회와 문화 안에서 일을 처리하는 방식의 일부다. 예를 들어 AI를 이용하여 검색을 할 때 이 검색은 내가 하는 활동(연구, 음악 감상, 요리 등)은 물론 이런 활동이 이 사회와 문화에서 이루어지는 방식, 즉 해당 활동에 대한 규칙, 게임, 습관, 규범, 가치 등과 관련이 있다. AI는 (데이터를 통해 간접적으로) 이것들을 기반으로 작동하고 그 결과에 대한 우리의 해석은 그런 게임과 삶의 형식에 깊이 배어든다. 인문주의도 마찬가지였다. 인문주의 활동 역시 책, 서신, 인쇄술 등 다양한 기술과 매체를 통해 이루어졌으며, 그런 기술과 매체들은 지식을 창출하고 해석하는 과정에서 중요한 역할을 했고 특정한 삶의 형식 안에서만 이해되었다.

이처럼 기술의 사용과 인간의 활동은 문화와 사회를 벗어나서 발생하지 않는다. 기술은 인간 활동, 인간의 집단적 경험에 대한 해석 방법, 특정 사회와 문화 안에서 의미를 구성하는 방법의 일부다. 비트겐슈타인이 『철학적 탐구』에서 주장한 것처럼 단어가 오직 사용되는 방식에 따라 특정 언어 게임과 삶의 형식 안에서만 의미를 지니듯이, 책이나 AI와 같은 기술도 더 넓은 사회 문화적 맥락 안에서만 의미를 부여받는다. 언어의 사용처럼 기술의 사용 역시 핵심은 의사소통과 가치, 의미 구성에 있다. 이는 기술이 언어 사용과 직접적인 관련이 있을 때

더욱 분명하게 드러난다. 이를테면 자동 수정 기능과 함께 검색을 하거나 번역 앱을 사용할 때 알고리즘이 남성 대명사를 기본값으로 설정하면서 성별 의미에 문제를 일으키는 경우다. 하지만 운전이나 집 짓기와 같은 다른 기술 활동도 문화와 깊은 관련이 있다. 가령 운전은 교통 법규나 문화적으로 용인된 운전 방법을 수반하는 특정 게임과 관련이 있다. 자국에서 운전할 때는 좀처럼 눈치채지 못하지만, 외국에 나가 운전을 배울 때는 우리가 다른 문화를 배우고 있다는 사실, 즉 새로운 게임을 하는 법을 배워야 한다는 사실을 알아챘다.

동시에 기술은 게임을 구성하고 바꾸기도 한다. 기술은 우리가 지닌 가치와 일을 하는 방식에 영향을 미친다. 가령 자동차 기술은 통근을 용이하게 하여 특정한 지리학적, 사회학적 양상을 형성함으로써 인간의 삶의 양식을 바꾸었다. 개인 정보도 마찬가지다. 디지털 소셜 미디어를 수년간 사용하면서 우리는 이제 개인 정보를 공유하는 데 더욱 관대해졌다. 이러한 변화는 천천히 일어나고 눈에 보이지 않지만 중요한 의미를 시사한다. 결정론은 없으며 어느 정도는 원하는 방향으로 상황을 유도하여 게임에 변화를 줄 수 있다는 것, 또 기술과 사회의 관계는 복잡하고 그 둘은 함께 진화한다는 것이 바로 그것이다. 기술은 사회 밖에서 사회를 형성하는 외부 사물이 아니다. 과학기술사회학에서 배우듯이 기술과 사회는 매우 밀접하게 연결되어 있다. 그러나 변화를 가져오는 데 기술의 역할은 인간의 결정만큼이나 중요하다. 기술은 다양한 활동과 다양한 게임을 가능하게 하기에 궁극적으로 새로운 삶의 형식을 가능하게 한다. 그러므로 만약 게임을 바꾸고자 한다면 기술을 바꾸거나 적어도 다른 방식으로 사용해야 한다. 사회 제도를 바꾸려 하면서 기술과 관련된 문제를 해결하지 않는다면 그것은 피상적인 변화에 불과할 것이다.

　기술이 인간과 더불어 사회 형성에 영향을 미친다는 사실을 보여 주는 좋은 예가 바로 인터넷이다. 오늘날 개인 생활과 직장에서 일을 처리하는 방법 대부분이 인터넷과 스마트폰 및 앱 등의 디지털 기술에 의해 이루어지다 보니 태어날 때부터 이런 문화를 경험한 사람들은 다른 방식의 삶이 가능하다는 사실을 상상조차 하기 어렵다. AI를 포함해 인터넷과 인터넷에 좌우되는 디지털 기술의 생태계는 인간 사회를 디지털 사회, 인터넷 사회라는 새로운 사회로 만들었고 여전히 만들어 가고 있다. 이제 인간이 함께 생활하고 함께 일을 해결해 가는 방법은 대부분 디지털 기술에 의해 이루어진다. 이제 이런 기술들은 우리 삶의 형식에 접목되고 우리 삶을 완전히 변화시키면서 더 이상 '새로운 것'으로 경험되지 않는다. 우리는 오늘날 삶의 방식의 일부가 된 그것들을 더 이상 눈치채지 못한다. 우리는 이미 '인터넷'에 대해 이야기하지 않은 지 오래다. 그것은 우리 삶, 세상의 일부가 되었기 때문이다.

오늘날의 자기 계발에는 당연히 인터넷이 수반된다. 그러나 컴퓨터를 통해 인터넷을 검색하고 애플리케이션을 사용한다는 사실을 우리는 인지조차 하지 못한다. 기성세대들은 이런 기술과 삶의 방식에 여전히 적응이 필요하다. 반면 밀레니얼 세대와 Z세대에게 이런 현실은 기본값이자 세상 그 자체이며 전통이자 시작점이고 지평선이다. 자기 계발은 이런 세상에서 이런 기술 문화를 배경으로 이루어진다. 어린아이들은 이런 문화에 쉽게 입문하고 흡수된다. 기술을 익히는 것과 기술 문화를 배우는 것은 더 이상 완전히 다른 일이 아니다. 디지털 기술을 이용하는 것과 이 세상을 이해하고 의미를 부여하는 일 사이에는 더 이상 차이가 없다. AI와 같은 새로운 기술만이 다시금 그 틈을 벌릴 뿐이다.

AI는 여전히 '해석학적 간극'을 불러온다. 그것은 가장 먼저 의미의 간극을 낳는다. 그러면 인간은 해당 기술을 이해하고 그 기술을 이용하는 것에 의미를 부여하기 위해 노력한다. 간극을 좁히고 현상을 이해하고자 애쓰는 것이다. 기술은 여전히 새로운 것이기에 우리는 최선을 다해 그것을 이해하고 문화에 통합하기 위해 노력한다. 그런데 우리 문화는 이미 AI로 인해 변화하고 있다. 우리의 고민은 AI가 가져다준 새로운 가능성을 고려할 때 과연 어떻게 우리 자신을 이해하고 발전시킬 수 있을 것인가다. 수많은 책과 박람회, 워크숍이 AI를 이야기하는 것도 이 때문이다. 이 책도 바로 그러한 문화적 노력의 일환이라 해석할 수 있다.

기술이 인간 문화, 사회와 관련이 있다는 사실을 개념화하는 또 다른 방식은 기술이 서사와 관련 있음을 설명하는 것이다. 이전 장에서 나는 이미 자아를 설명하며 서사를 언급한 바 있다. 자아란 함께 쓰고 해석하고 살아 내는 일종의 이야기다. 그러나 서사성은 기술과 관련해서도 중요하다. 기술을 어떻게 이야기하는지를 떠올려 보면 이것은 매우 명확해진다. 우리는 기술을 특정한 방식으로 이야기하는데, 그 방식은 특정 사회 문화적 맥락에서 지배적인 서사에 의해 결정된다. 오늘날 AI와 관련된 서사는 자체 경쟁을 포함한 경쟁의 서사이거나 특이점과 초지능에 관한 서사다. 이를테면 미국과 유럽이

AI를 두고 중국과 경쟁해야 한다는 이야기, AI가 인간의 자리를 대신하며 인류에게 실존적 위협이 되고 있다는 이야기, AI가 빈곤, 전쟁, 기후 위기와 같은 인류가 처한 모든 문제를 해결할 것이라는 이야기, AI가 인간을 정복하기 전에 AI를 거부해야 한다는 이야기, AI가 인간을 숫자로 만들어 버릴 것이라는 이야기, AI가 기술적 수단을 통해 인간을 업그레이드하고 개량할 것이라는 이야기 등이 그것이다. 많은 사람이 내게 AI가 무엇인지, 내가 말하는 AI가 무엇을 의미하는지 묻곤 한다. 나의 대답은 단순히 기술적인 내용에만 국한되지 않는다. 그 대답에는 서사적인 내용도 포함된다. AI는 기술적이면서도 동시에 문화적이다.

　그러나 이러한 서사들이 AI의 발전과 활용, 해석을 결정짓기도 하고 반대로 기술적 가능성에 따라 달라지기도 하기 때문에 이것들을 그저 AI에 관한 서사라고만은 할 수 없다. 오히려 기술과 해석, 기술과 의미, 기술과 문화는 아주 복잡하게 얽혀 있다. 서사는 우리가 쓰는 기술에 영향을 미치고, 반대로 기술은 서사에 영향을 미친다. 가령 인간을 뛰어넘는 초지능에 관한 트랜스휴머니즘의 이야기는 더 빠른 속도의 컴퓨터나 대량의 데이터 탄생과 같은 기술 발전의 가속화가 없었다면 불가능했을 서사다. 이러한 기술의 진보로 인간은 AI의 지능이 인간의 수준에 도달하는 미래를 꿈꿀 수 있게 되었고 여전히 꿈꾸고 있다. 그리고 그런 이야기는 반대로 기술 및 과학 개발 프로젝트에 영향을 미친다. 기술은 삶의 서사를 결정짓는다. 자신의 삶을 소셜 미디어에 업로드할 수 있고 '좋아요'를 받을 수 있는 일련의 사건으로 이해하게 되는 경우처럼 말이다. 기술은 단순한 도구가 아니다. 기술은 나의 행동과 서사, 궁극에는 삶의 의미를 결정짓는다. 기술이 지닌 서사적, 해석적 힘은 의도되지 않은 것일 테지만 분명 과소평가되어 있다. 눈에 보이지 않기 때문이다. 그러나 눈에 보이지 않는다고 존재하지 않는다는 뜻은 아니다.

그러므로 우리가 다른 자기 계발 문화를 원한다면 다른 서사와 다른 기술이 필요하다.

우리에게는 사회와 개인으로서 우리에 관한 다른 이야기들이 필요하다. 만약 계속해서 현재의 서사를 옳다고 믿고 그 서사를 산다면 사회가 변화할 가능성은 거의 없다. 그러나 우리가 다른 이야기를 시작한다면 상황은 달라질 수 있다. 예를 들어 인간이 일종의 기계이고 업그레이드가 필요하다는 이야기를 좋아하지 않으면서도 계속 우리가 그런 기계인 것처럼 살아가고 그런 견해를 옹

호하는 사람들(과학, 기술, 또 어느 분야든)에게 신뢰를
보낸다면, 우리 삶과 사회의 서사는 변하지 않을 것이다.
반면 인간에 관한 다른 서사를 말하고 인간의 과거, 현
재, 미래를 재해석하고 재서술한다면 그런 변화를 이끌
어 낼 수 있을 것이다. AI나 인간에 관한 어떤 이야기가
마음에 들지 않는다면 해야 할 일은 그 이야기를 단순히
거부하는 것(무시하는 것은 물론이고)이 아니라 고쳐 쓰
거나 새로 쓰는 것이다.

작금의 자기 계발 문화, 오늘날의 문화 전반에 직면
하여 우리에게 필요한 것은 AI와 인간에 관한 새롭고 더
나은 이야기다. 단순히 르네상스 인문주의자들의 이야
기나 아리스토텔레스의 이야기와 같은 오래된 서사를
수용하는 것만으로는 안 된다. 우리는 지금 이 시대는 물
론 지금 이 시대를 사는 우리 자신에 대해서도 이해할 의
무가 있다. 물론 전통적 서사로부터 영감을 받기도 하고
언제나 그것들을 바탕으로 이야기를 쓰며 특정한 전통
에 대응하기도 하지만, 진정으로 변화를 원한다면(진정
으로 변화해야 하고 변화에 대응해야 한다면) 이야기를
고쳐 쓰거나 새로운 이야기를 쓰는 수밖에 없다.

이는 개인적 차원, 사회 문화적 차원에 모두 해당하
는 말이다. 자기 계발과 자기 변화는 개인적, 사회적 차

원에서 해석할 과제로 이해되기 때문에 서사적 작업이 필요하다. 개인과 사회 모두 그것을 해야 할 의무가 있다. 이것이 바로 나와 우리가 지닌 해석의 의무다. 그러나 우리는 서사를 만드는 데 완전히 자유롭지도 않고 그것을 완벽하게 통제하지도 못한다. 우리는 그저 우리가 써 내려가는 이야기의 중요한 공저자 중 하나일 뿐이다.

그러나 서사와 기술이 상호 영향을 주는 것이 사실이라면 서사만 바꾸는 것으로는 부족하다. 다른 서사, 다른 사회, 다른 자아를 가져다줄 새로운 기술과 매체도 필요하다. 자아를 변화시키기 위해 기술을 바꾸는 일은 가능하고 바람직하다. 기술은 단순히 인간의 서사에서 탄생한 수동적인 결과물이나 인간 서사의 수동적인 기록자가 아니라 인간 서사를 함께 창조하고 이야기를 함께 써 내려가기도 하기 때문이다. 이를테면 현대 사회의 속도가 실제로 증가하는 것은 단순히 우리가 모든 것이 빠르게 돌아간다고 말해서가 아니라 인간 삶의 속도를 높이고 그런 식으로 인간의 서사와 생애를 만들어 내는 컴퓨터, 스마트폰, 전자 달력, 이메일 등이 있기 때문이다. 기술은 그저 어떤 '기능'이나 '작업'만 하는 것이 아니다. 그것이 어떤 목적을 지닌 것이든 기술은 의미를 창출하고 인간과 인간이 일을 하는 방식도 바꾼다.

기술은 기능하고 작동하지만 이야기도 한다. 캐릭터와 사건을 바탕으로 플롯을 조직하고 인간이 그것에서 새로운 의미를 찾을 수 있도록 한다. 웨슬 라이저스와 내가 '서사적 기술'이라 명명한 것이 바로 이것이다.[2] 이는 문자 그대로다. 예를 들어 내가 쓰는 전자 달력은 나의 일정을 정리하고 관리한다. 그것은 곧 AI 알고리즘에 의해 관리되고 나, 주변 사람들, 사건을 재료로 하는 하나의 플롯을 구성한다. AI는 나의 시간을, 더 나아가 나의 생애를 만들어 나간다. 좀 더 비유적으로 말하면 기술은 단순히 인간 세계의 대상물이나 우리 손안에 있는 도구가 아니라 인간과 인간의 문화에 관한 이야기를 형성한다고 볼 수 있다. 나는 이것을 이미 소셜 미디어의 예를 통해 설명했다.

기술은 사회적 차원에서도 이러한 영향력을 미친다. 산업 기술이 산업 사회를 만들어 냈고 인터넷이 인터넷 사회를 탄생시킨 것처럼, AI는 AI 사회 또는 데이터 사회를 창조할 가능성이 높고 실제로 이미 그렇게 되어 가고 있다. 그동안 이루어진 AI에 관한 담론과 이야기의 수만 헤아려 봐도 AI는 이미 우리 문화, 삶의 형식, 삶의 양식의 핵심이 되어 가고 있다.

보다 일반적으로 말해서 기술에는 과학적 속성만 있

는 것이 아니라 사회 문화적인 속성도 있다. 우리가 기술의 이름을 따라 사회를 명명하는 경향에는 그럴 만한 이유가 있다. 인간이 일을 처리하는 방식, 살아가는 방식에서 핵심적인 요소 중 하나가 바로 기술이기 때문이다. 그렇기에 우리 자신을 발전시키고 사회를 개선하는 일은 기술과 매체를 바꿔야만 가능하다. 매클루언의 유명한 명제 "미디어는 메시지다."를 빌려 말하면 미디어는 곧 서사다. 새로운 기술이 생긴다는 것은 새로운 메시지뿐만 아니라 새로운 서사가 생긴다는 것을 의미한다. 이런 의미에서 AI가 우리에게 전하는 이야기는 새로운 이야기다. AI는 인간을 위한 새로운 서사를 만들어 낸다. 변화를 원한다면 이 서사를 바꾸기 위해 노력할 수 있지만, 여기에는 새로운 기술, 즉 새로운 종류의 AI, 다시 말해 새로운 이야기를 함께 써 내려갈 수 있는 기술이 필요하다. 현재 상황이 마음에 들지 않고 현실과 자기 자신을 진심으로 발전시키고 싶다면 함께 이야기를 써 내려갈 새로운 공저자가 필요하다.

저자라는 비유 때문에 AI가 우리와 전혀 관계없는 별개의 것이라거나 인간보다 월등한 신과 같은 존재인 양 인간 '위'에 군림한다고 오해해서는 안 된다. 우리는 AI와 기술을 이야기할 때 그것들이 인간 문화 외부에 존재하는 것처럼 이야기해서는 안 된다. 이런 기술과 매체들은 마치 신이나 지배자나 괴물처럼 인간의 모습을 닮은 인위적 행위자의 형태로 인간을 지배하며 영향력을 행사하는 것이 아니다. 오히려 AI와 같은 기술은 우리 삶 구석구석을 파고들어 얽으면서 인간의 서사를 형성한다. 기술은 외계 생명체가 아니다. 기술은 인간의 속성을 지니고(그러나 인간은 아니다.) 인간 문화에 속해 있다. 고전적인 비유를 들어 말하면 AI와 같은 기술은 성문 앞에 대치하고 있는 적군이 아니다. 외부의 위협이 아니라는 말이다. 그것은 이미 오랫동안 인간과 함께 지내 왔고 성곽 안에 존재해 왔다. 생물의학적인 비유를 빌리자면 기술은 인체 내 유기체, 세포 조직, 약물과 같다. 사회라는 몸 안에서 기술은 그 사회를 유지하는 데 도움을 주지만, 동시에 그것이 어떻게 작동하도록 만들어졌는가에 따라 또는 주변 환경이나 사회 생태계와 어떻게 상호 작용하는지에 따라 위협이 되기도 한다.

그러므로 단순히 "사회를 바꾸자." 혹은 "기술을 바꾸자."라고 말하는 것으로는 충분하지 않다. 사회 기술 생태계 전체가 바뀌어야 한다. '서사적 기술'이라는 용어를 사용하듯이 사회 기술 생태계를 말하는 것은 사회와 기술을 개념적으로 한데 묶어 생각하는 데 도움이 된다.

우리는 기술과 문화를 연관 지을 수 있는 언어가 더 많이 필요하다. '서사적 기술'이나 '사회 기술 생태계'는 그중 일부일 뿐이다.

　이 책 전반에 걸쳐 등장하는 '테크노컬처'라는 용어를 사용하는 것도 한 방법이다. 기술은 우리가 사고하는 방식, 우리가 사는 사회 문화적 환경과 밀접한 관계가 있다. 테크노컬처라는 용어는 특히 인간의 역할, 기술이 인간과 인간 문화에 어떤 식으로 연결되는지 강조하는 데 유용하다. 기술은 스스로 기능하지 않는다. 기술을 만들고 사용하고 해석하고 설명하는 것은 인간이다. 기술이 스스로 발전하더라도 언제나 인간이 개입될 수밖에 없다. 인간은 자기 자신은 물론 타인, 세계와의 관계를 이해할 수 있고 이해해야 하며 그 관계를 개선하기 위해 노력하는 해석적, 관계적 존재다. 인간의 해석은 필수적이며, 결정과 통제도 요구된다.

　그러나 이것을 근거로 "모든 것은 기술로 무엇을 하느냐에 달려 있으며" 중요한 것은 인간의 목표뿐이라고 주장해서는 안 된다. 어떤 기술이나 서사도 가치 중립적인 것은 없다. 우리의 의도와 관계없이 기술은 인간의 목표를 결정짓고 새로운 의미를 만들어 낸다. 이를테면 핵기술은 인간에게 새로운 군사 목표를 제공했다. 총이 있으면 쏘기 마련이기 때문이다. 인터넷은 새로운 하위문화를 탄생시켰고 주류 문화에 변혁을 가져왔다. AI는 자율 주행 자동차라는 형식을 통해 교통 체계의 새로운 목표를 만들고 있다. 미래 기술은 우리에게 새로운 테크노컬처를 가져다줄 것이다. 향후 10년간 AI에 변화가 일거나 새로운 기술이 개발된다면 그것은 새로운 도구가 될뿐만 아니라 인간의 목표, 의미, 문화까지 바꾸게 될 것이다.

그러므로 개인의 발전과 사회의 개선을 바란다면 새로운 서사가 필요하지만 이런 변화를 위한 새로운 기술과 물질적 근간도 마련해야 한다. 여기에는 내면을 향한 자기 성찰뿐만 아니라 외부를 향한 포용력, (단도직입적으로 말해) 자아와는 그다지 관련 없고 추상적 의미에서의 '사회' 혹은 '문화'와도 거의 무관한 것들을 개선하기 위한 노력도 필요하다. 특히 필요한 것은 기술 개선을 위한 노력인데, 사회 문화적 변혁을 가져오거나 적어도 그러한 변혁의 비전이 이식된 기술을 개발할 필요가 있다. 기술 개선을 위해 노력하되 이것이 서사, 의미, 가치 개선을 위한 노력도 의미한다는 것을 명심하여 문화 개선에도 힘써야 한다.

진정으로 원대한 기술 개발이란 단순히 기술만 개발

하는 것이 아니라 테크노컬처를 창조하는 일이어야 한다. 발명가들과 기업가들은 자신이 원하는 것이 그저 새로운 제품을 개발하는 것인지 아니면 인간 삶의 양식에 변화를 가져다주는 것인지 자문해 보아야 한다. 또 단순히 어떤 문제에 대한 기술적 해결책을 제공하려는 것인지 아니면 새로운 서사를 쓰고 싶은 열망이 있는 것인지도 생각해 보아야 한다. 좋은 예술 작품이 그러하듯 좋은 기술은 인간의 가치와 관점을 바꿀 수 있으며 더 나아가 세상을 바꿀 수도 있다. 현실을 개선하고 인간의 서사를 향상하며 인간과 함께 새로운 이야기를 쓸 수도 있다. 좋은 기술은 우리의 자아도 바꿀 수 있다. 개인 정체성과 집단 정체성도 바꿀 수 있다.

정치적 관점에서 말하자면 우리는 시민으로서 IT 전문가들이 제공하고 광고가 추천하는 기술적 '해결책들'이 과연 우리가 원하는 이야기인지, 개인이나 사회로서의 우리에 관해 하고 싶은 이야기가 맞는지 자문해야 한다. 만약에 그 이야기가 마음에 들지 않는다면 이야기를 바꿔 쓰는 행동에 나섬으로써 공저자로서 소명을 다해야 한다. 우리 자신과 사회에 관한 이야기를 쓰는 일을 AI를 비롯한 기술을 소유하고 개발하는 사람들, 그것에 투자하는 사람들에게 맡겨서는 안 된다. 개인, 공동체, 사회 모두가 이야기의 편집자이자 공저자의 역할을 맡아야 한다. 기술이 소수 집단에 의해 소유되고 개발되기는 하지만 그들이 하는 일은 모든 인간에게 영향을 미친다. 그러므로 기술 개발은 물론 기술 개발에 관한 의사 결정에 참여하는 것은 시민인 우리의 책임이자 권리이다. 기술의 소유권과 개발 방식을 재고해 보는 것도 좋다. 이는 결국 우리의 테크노컬처, 우리 사회 그리고 우리 자신이 걸려 있는 문제이기 때문이다.

기술, 서사 그리고 좋은 삶

좁은 의미의 자기 계발에서 우리 사회와 서사, 기술, 테크노컬처를 바꾸는 것으로 전환하자는 이러한 제안, 즉 자기 계발에 대한 보다 정치적인 해석이 자기 인식과 좋은 삶에 관한 오랜 철학적 문제를 피할 수 있다거나 피해야 한다는 것을 암시하지는 않는다. 오히려 그런 정치적인 해석과 전통의 철학적 논의는 공존해야 한다. 더 나은 서사, 기술, 삶을 창출해 내는 데는 '더 낫다는 것'을 어떻게 규정할 것인가에 대한 기준, 곧 철학자들이 이야기하는 '규범'의 기준이 필요하다. 여기에 개입하는 것이 바로 윤리다. 서구권과 비서구권의 전통 윤리는 자기 계

발에 무엇이 좋고 무엇이 나은지 탐구하는 데 지침을 줄
수 있다.

그러나 기술에 관한 한 그것은 기존 윤리를 기술에
적용하는 일방적인 관계가 아니다. 기술은 중요한 역할
을 할 수 있다. 기술은 전통적인 철학 문제의 답을 찾는
데 도움을 줄 수 있으며, 이런 방식을 통해 인간의 관계
적 자율성과 의미 구성 능력을 (좀먹는 대신) 유지하는
데 기여한다. 기술과 매체는 오늘날에도 여전히 유의미
한 전통 철학의 탐구 주제, 즉 자기 자신을 알고 좋은 삶
을 찾아 가꾸는 문제에 유용한 도구가 될 수 있다. 기술
이 인간 문화 형성에 영향을 미치는 것이 사실이라면, 새
로운 기술과 경험을 시험해 보고 그것이 어떻게 우리 삶
과 사회를 바꿀지 상상해 보자. 언제나 그렇지만 오늘날
가장 중요한 문제는 그저 "무엇이 좋은 삶인가?"가 아니
라 "기술과 공존하는 좋은 삶이란 무엇인가?"이다. 그러
므로 AI에 관해 우리는 이렇게 물어야 한다. "AI 시대에
좋은 삶이란 무엇인가?" 좋은 삶과 AI가 공존할 수 있는
가? 공존할 수 있다면 어떻게 가능한가? AI가 공존하는
좋은 사회란 어떤 사회인가? AI가 있는 좋은 서사는 어떤
서사인가?

AI와 데이터과학은, 우리가 그 결과를 해석하여 어

떤 의미를 발견할 수 있다면, 새로운 자기 인식을 얻는
데 유용할 수 있다. 인체 향상 기술도 새로운 서사적 윤
리의 가능성을 검토하는 데 도움이 될 수 있다. 새로운
자아와 대안적 생활 양식을 탐구한다고 해서 과거의 생
활 양식으로 회귀해야 한다는 의미는 아니다. 소위 대안
공동체라고 불리는 많은 공동체가 농경 생활 양식을 채
택하고 있지만, 이는 하나의 실행 가능한 옵션일 뿐이다.
우리는 새로운 삶의 형식을 가능케 하는 새로운 기술을
개발할 수도 있다.

  그러나 AI의 사용, 긍정 심리학, 초고속 인체 향상도
자기 인식이나 자기 발전에 관한 오랜 질문을 대체할 수
는 없다. 이것들이 정말로 인간에게 유용하다면 전통 철
학의 탐구와 병행되어야 한다. 새로운 기술, 새로운 서
사, 더 나은 사회에 대한 고찰은 인간의 덕과 번영에 관
한 고찰과 연결되어야 한다. 이를테면 섀넌 밸러의 제안
처럼 기술이 증진해야 할 덕이 무엇인지 고민해 볼 수 있
다.[3] 이런 탐구를 지속하면 자기 계발이 윤리적인 자기
수양과 자아 성장을 포함하는 것임을 이해하게 되고 이
것을 기술과 연관 지어 생각할 수 있다. AI가 위협이 되
면서도 동시에 기회를 제공할 수 있는 지점이 바로 여기
다. 예를 들어 밸러는 자아를 수치화하는 기술이 자기 자

신을 더 잘 인식하는 데도 활용될 수 있다고 믿는다. 나는 이에 대해서는 확신이 없다. 앞서 나는 AI가 제공하는 지식이 매우 구체적인 종류의 것이어서 문제를 낳을 수 있다고 주장했다. 게다가 우리는 인간의 경험과 해석에 기반한 지혜도 필요하다. 어찌 되었든 좋은 삶이라는 주제와 기술의 문제를 연관 지어 고찰하는 것은 매우 중요한 일이다.

그러나 자아에 관한 고대 윤리학과 사상만으로는 충분하지 않다. 적어도 현대의 맥락에서 해석할 때는 오히려 그것 나름의 문제가 제기된다. 서양의 덕 윤리학은 주로 개인 윤리나 정체성을 이야기하는 것처럼 체계화되어 있는 경우가 많다. 이 책에서 관계적 자아라고 명명한 것이나 사회 정치적 변화의 필요성에 대해서는 그다지 강조하지 않는다. 게다가 관계적 관점을 한층 더 심화시키거나 환경적, 포스트휴머니즘적, 포스트모더니즘적 요소를 고려하면 인간 번영이나 자기 계발은 단순히 인간을 개선하는 문제가 아니다. 개인으로서나 인류라는 종으로서나 인간이 더 이상 이 세계의 중심이 아니라면 자기를 계발하는 것, 새로운 서사와 기술을 만들어 내는 것이 무엇을 의미하는지도 생각해 보아야 한다.

인간이 관계적 자아라는 사실, 기술이 사회에서나 우

리 자아를 형성하는 데 매우 중요한 역할을 한다는 사실, 우리가 타인뿐만 아니라 지구 위 다른 생명체들과 함께 살아야 한다는 사실이 자아와 자기 계발에서 무엇을 의미하는지 숙고할 필요가 있다. 고대 사상의 지혜, 인문주의의 기술, 계몽주의의 윤리가 테크노컬처 시대의 자기 계발 프로젝트에 도움이 될 수 있지만 우리가 자아에 대해 스스로 이야기하고 해석할 때는 지금 현재를 사는 현대인의 관점에서 다른 생명체, 생태계, 기술 체계와 연결되어 있고 그것들에 의지하는 현실을 고려해야 한다. 또 제도적 불평등, 기후 변화 등 수많은 문제가 산적해 있는 요즘 시대에 AI와 같은 최신 기술을 고려할 때 자기 인식, 지혜, 배움, 자주성, 발전이 오늘날 무엇을 의미하는지에 대해서도 재해석할 필요가 있다.

그러므로 과거의 개념에 대한 비판적 시각을 유지하고 그 한계를 잘 알고 있어야 한다. 여기에는 고대 사상은 물론 근대 철학의 규범적 이상에 대한 비판적 시각도 포함된다. 이를테면 스토아 철학의 한계점을 이해하고 급진적 계몽주의나 실존주의가 말하는 것처럼 자기 계발이 무한한 자유나 자율성에 관한 문제가 아니라 다른 존재와의 관계를 통해서만 성취될 수 있다는 사실을 깨달을 필요가 있다.

이 '다른 존재'는 인간이 아닌 존재도 포함한다. 우리가 자신을 관계적인 관점에서 이해한다면, 자기 계발을 오로지 인간 중심적인 시각으로 바라보는 것은 비판받아야 하고 극복되어야 한다. 지구에는 인간뿐만 아니라 인간이 아닌 생명체와 자연환경도 있다. 나의 정체성과 이야기는 다른 동물, 생태계, 지구의 이야기와도 연결되어야 한다. 완전한 관계적 관점에서 보면 나의 자기 계발은 그런 다른 존재들과 환경의 개선에 달려 있다. 그들이 개선되고 나아져야만 나도 발전할 수 있는 것이다. 케냐의 신학자 존 음비티의 유명한 말 "나는 우리가 있기 때문에 존재하며, 우리가 있기에 그러므로 나는 존재한다."에서 '우리'는 확장되어야 한다. 이런 의미에서 새로운 디지털 휴머니즘은 모두 포스트휴머니즘이나 탈인간 중심주의일 수밖에 없다. 그리고 이것은 인간에게도 좋은 일이다. 좋은 삶이 가능하려면 좋은 행성이 필요하다. 인간이 번영하기 위해서는 인간이 아닌 존재들도 번영해야 한다. 우리는 환경을 인식하는 '느린' 형태의 자기 계발을 고민하고 그것에 필요한 기술을 발전시킬 필요가 있다. 환경을 생각하는 형식이되 기술이 가미된 자기 계발을 고민해야 한다는 뜻이다.

관계성은 또 인간과 기술의 관계를 인식하는 것을 의

미하기도 한다. 다시 한번 말하지만 기술은 외계에서 왔거나 우리와 무관한 것이 아니라 인간에 의해 만들어졌고 우리와 함께 삶과 서사, 자아를 만들어 가는 존재라는 사실을 인정해야 한다. 인간은 기계가 아니지만 기술과 밀접한 관련이 있다. 고유성이라는 것은 이렇게 함께써 내려간 이야기와 좋은 삶과 좋은 사회가 무엇인지 탐구하는 관계적 과제에서 드러난다고 할 수 있다. 이는 한 명의 개인이 하기에는 너무나 버거운 일이다. 그러나 이전 장에서도 말했듯이 더 나은 삶과 사회를 찾아가는 이 여정에 다행히 우리는 혼자가 아니다. 자기 계발은 서로 경쟁하는 개인들의 서사일 필요가 없다. 우리는 함께 이룰 수 있다. 함께 인간의 서사, 사회, 기술을 개선하고 그것을 통해 함께 우리 자신을 발전시킬 수 있다.

이러한 접근법은 더 나은 서사를 쓰고 21세기에 맞는 새로운 테크노컬처를 구축할 것을 요구한다. 우리는 과거로 회귀할 수도 없고 회귀해서도 안 된다. 기술이 인간을 타락시킬 것이므로 기술 이전의 세계로 돌아가야 한다는 에덴동산 이야기와 같은 서사를 거부해야 한다. 그런 세계는 존재하지도 않으며 존재한 적도 없다. 인간은 태생적으로 기술과 떼려야 뗄 수 없는 존재이기 때문이다. 그러나 인간은 현실을 개선하고 자아를 발전시킬 수 있다. 우리의 이야기와 기술을 바꿔 더 나은 자아와 더 나은 사회가 성장할 수 있는 더 나은 세계를 구축할 수 있다. 다른 인간들, 인간이 아닌 다른 존재들과의 관계가 중요한 그런 세계, 인간과 인간의 문화, 인간의 기술이 만들어 낸 더 좋은 서사가 더 나은 자아 그리고 어쩌면 더 행복한 자아라는 기분 좋은 부수적 결과를 내는 그런 세계 말이다.

그러므로 AI와 관련하여 내가 제안하는 바는 AI가 지금과 다른 새로운 서사를 이야기할 수 있도록 바꾸거나 새로운 AI를 개발하는 것이다. 새로운 서사란 경쟁과 시장에 관한 신자유주의의 서사가 아닌 새로운 이야기, 현대 AI 기술과 그것을 옹호하는 사람들에 의해 조장되는 트랜스휴머니즘의 데이터이즘 서사가 아닌 더 나은 이야기, 타인과 새로운 기술의 도움을 받아 우리가 더 발전하고 성장하는 이야기다. 함께 만들어 가는 세계에서 새로운 의미를 찾고 그 결과에 책임을 지는 이야기, 인간이 반드시 유일한 주인공인 것도 아니고 우리가 자신을 온전히 이해할 수 없다는 것을 깨닫는 이야기, 다른 사람과 비교하여 자신이 늘 부족하다거나 인간을 무력화하기 위해 탄생한 듯한 데이터 신(神)들에 비해 인간이 하찮은 존재라는 생각이 들지 않는 이야기, 그런 이야기 말이다. 인간은 어리석은 짓을 자주 하고 개선의 여지가 많은 존재다. 그러나 그와 동시에 좋은 일, 충분히 선한 일도 많이 한다. 우리는 기계나 신을 위한 이야기가 아니라 평범한 인간을 위한 서사가 필요하다.

　게다가 이 세상에는 AI와 컴퓨터에 위임할 수 없거나 위임하기를 우리가 원치 않는 일들이 많다. 상관없다. 어차피 인간은 어떤 것에서든 의미를 찾아낸다. 인간은 본래 의미를 형성하고 부여하는 존재다. 우리가 더 나은 세상을 위한 서사를 쓸 때는 어떤 일이나 역할에 인간이 필요하다는 사실, 서사와 삶과 문화를 전체적으로 이해하는 데 인간이 필요하다는 사실을 명심하는 것이 좋다. 새로운 의미는 그런 전체의 맥락에서 드러나며, 기술은 그 전체에 속해 일익을 담당한다. 하지만 의미는 언제나 인간의 주관성을 통해 형성되고 드러나는 법이다. 기술도 행위자다.(라투르는 이것을 '행위소'라 부른다.) 예를 들어 AI는 대화를 방해하거나 인간의 임무를 대신 수행할 수 있다. 인간과 함께 이야기를 쓴다고 할 만하다. 다른 저서에서 나는 기술이 인간을 조직하고 감독하며 지휘한다고 주장한 바 있다.[4] 기술은 내가 앞서 설명한 방식으로 인간의 (기술) 문화를 형성한다. 그렇다면 기술은 인간과 함께 의미를 형성한다고도 할 수 있다. 그러나 인간 서사의 가장 중요한 편집자이자 의미 조정자는 우리 인간이다. 제아무리 기술이 뛰어나고 많은 업적을 이루었다 해도 AI가 그 역할을 대신할 수는 없다.

인간에게는 다시 한번 과감히 '우리'를 주어로 하는 서사가 필요해 보인다. 단 20세기의 과오를 반복해서는 안 된다. 근대 이래 기술과 사회가 '우리'라는 이름으로 묶인 경우는 언제나 재앙을 낳았기 때문이다. 죽음과 파괴의 테크노컬처는 늘 민족의 권리에 호소하며 정당화되어 왔다. 그러나 국가는 개인의 자유라는 이름으로도 대량 살상이라는 비인간적인 행위를 자행해 왔다. 어느 쪽도 선택할 수 없게 만드는 현대 문화와 정치 이념이 그렇듯 개인주의와 집단주의 형식 모두 많은 문제점을 내재하고 있다. 어떤 종류가 되었든 '우리'가 존재하지 않으면 서사도 없고 기술도 없으며 궁극적으로는 자기 계발도 불가능하다. 이전 장에서 나는 자기 계발에 사회 변혁과 정치적 사고가 필요하다고 주장했다. 여기가 바로 일종의 '우리'가 개입되는 부분이다. 관계적, 사회적 관점에서 보면 개별 자아에 집중하는 것으로는 충분하지도 않을뿐더러 이치에 맞지도 않는다.

오늘날 이 '우리'가 무엇을 의미하는지 규명하기는 쉽지 않다. 학술적으로나 정치적으로나 이 문제를 해결하기 위해서는 아직도 할 일이 많이 남은 데다 안타깝게도 정치와 사회에 관한 연구는 심각할 정도로 재정 지원이 이루어지지 않고 다른 분야에 비해 대개 논의가 지나치게 단순하다. 우리가 직면하고 있는 문제들에 비춰 보면 이런 현실은 매우 실망스럽고 우려스럽다. 하지만 이것이 더 많은 기술을 개발한다고 해결되지 않는다는 사실은 분명하다. 사회적, 정치적 문제는 매우 복잡하게 뒤얽혀 있으며 인간도 관련되어 있다. 그런 문제들은 단순히 숫자나 통계로 해결되지 않는다. AI가 그런 모든 사회적, 정치적 난제를 겪지 않게 해 줄 거라는 생각, 사회 없이 기술만 있어도 된다는 생각은 파멸의 시작이다. 기술과 서사로서 AI가 기술 만능주의의 형식을 띠게 되면 정치적으로 다루어져야 할 문제가 탈정치화되고 공공 영역의 파괴로 이어진다. AI가 사회 문제 해결에 도움이 될 수는 있지만 모든 문제의 해결책이 될 수는 없다. 기술은 하나의 수단일 뿐이며, 문제 해결을 위해서는 더 포괄적인 정치적, 사회적, (기술) 문화적 접근법이 필요하다.

이와 마찬가지로 자아에 대한 나르시시즘적 태도는 비참한 결과를 가져올 수 있고, 기술을 통해 자아를 이해하고 개량하겠다는 트랜스휴머니즘적 욕망은 끊임없이 변화하는 사회에서 모든 수단을 총동원해 보겠다는 근대적 소망만큼이나 잘못된 것이다. 오늘날의 자기 계발 위기는 개인(또는 '우리 종', '우리 민족')의 계발에 대한 지나친 고민을 그만두고, 이미 일어나고 있는 좋은 것들을 발판으로 삼아 지식과 인간 행위가 지닌 한계를 인식하면서 자아와 선, 좋은 사회, 건강한 지구라는 관계적 관점을 고려하여 기술과 사회를 다시 고민하고 만들어 갈 때만 해결할 수 있다. 이 일에는 시간과 경험이 필요하지만 분명 시도할 가치가 있다.

결론적으로 말해 우리는 자아와 자기 계발에 관한 기본 가정부터 근본적으로 다시 생각해야 한다. 우리 자신에 대한 보다 관계적이고 정치적인 사고가 필요하다. 고대 사상이나 비서구권의 철학에서 배울 수 있는 이런 고찰은 오늘날 자기 계발 위기를 초래한 정치 경제적 이슈를 다룬다. 상업적인 자기 관리 방법이나 그와 유사한 것들을 제공하는 '최신' 기술은 필요 없다. 건강 자본주의라는 함정에 빠지지 말고 빠른 향상을 약속하는 감언이설에 속지 말자. 단순히 우리의 처지만 개선하는 게 아니라 아예 판을 바꾸어 보자. 자기 자신을 바꾸는 데 집착하지 말고 사회를 변혁하자.

진정한 자기 계발을 원한다면 '자아'가 아니라 좋은 삶과 좋은 사회에 관심을 쏟고, 데이터를 수집하고 분석만 할 것이 아니라 경험에 기반한 지혜를 획득해야 한다. 타인, 비인간 존재, 기술에 대한 인간의 의존성을 충분히 고려한 관계적 관점에서 자신을 이해하고, 더 나은 사회를 만들고 새로운 '우리'를 찾는 데 기여하며, 지금보다 더 나은 기술과 매체를 개발해야 한다. 또 전체를 이해할 수 있는 새로운 이야기를 창조하고 소망할 가치가 있는 사회와 테크노컬처를 구축하는 데 공헌해야 한다. 이것을 기술의 능동적, 서사적 역할을 강조하는 방식으로 정리하면 다음과 같이 말할 수 있다. 우리는 인간에 관해 지금까지와는 다른, 더 나은 이야기를 할 수 있는 기술이 필요하다. 이것이 이루어지는 날에야 비로소 더 나은 '자아'도 탄생할 것이다.

주

1 자기 계발이라는 절대명령

1 Caroline Beaton, "Why Millennials Are Obsessed with Self-Improvement," *Psychology Today*, May 29, 2017, https://bit.ly/3EobqVY.

2 Business Wire, "The U.S. Market for Self Improvement Products and Services," March 2, 2018, https://bwnews.pr/2Zz6a2C.

3 Derek Beres, "Self-Obsession Is Creating a Neurotic Culture. Can We Fix This?," *Big Think*, March 12, 2018, https://bigthink.com/culture-religion/self-obsession-is-creating-a-neurotic-culture-can-we-fix-this/.

4 Tina Edwards, "How Did We Become Obsessed with Self-Improvement?," Restlessnetwork.com, December 9, 2019, https://restlessnetwork.com/how-did-we-become-obsessed-with-self-improvement/.

5 Stephanie Brown, "Society's Self-Destructive Addiction to Faster Living," *New York Post*, January 4, 2014, https://bit.ly/3pUxDXO.

6   Will Storr, *Selfie: How We Became So Self-Obsessed and What It's Doing to Us* (New York: Abrams, 2018).

7   Thomas Henricks, "Self-Improvement as Cultural Illness," *Psychology Today*, January 10, 2016, https://bit.ly/3nEsHU2.

8   Alexandra Schwartz, "Improving Ourselves to Death," *New Yorker*, January 8, 2018, https://bit.ly/2Y2b2Nf.

9   Therese Hesketh, Q. J. Ding, and Rachel Jenkins, "Suicide Ideation in Chinese Adolescents," *Social Psychiatry and Psychiatric Epidemiology* 37 (2001): 230~235.

10   Arthur Miller, *Death of a Salesman* (New York: Penguin, 1976).

11   Liat Clark, "US Mass Shootings Blamed on High Gun Ownership and 'American Dream,'" *Wired*, August 24, 2015, https://bit.ly/3nIWlaI.

12   Dana Becker and Jeanne Marecek, "Dreaming the American Dream: Individualism and Positive Psychology," *Social and Personality Psychology Compass* 2, no. 5: 1767~1780, at 1770.

13   Gaston Franssen, "The Celebretization of Self-Care," *European Journal of Cultural Studies* 23, no. 1 (2020): 89~111.

14   Jonathan Crary, *24/7: Late Capitalism and the Ends of Sleep* (New York: Verso, 2014).

15   Shoshana Zuboff, *The Age of Surveillance Capitalism: The Fight for a Human Future at the New Frontier of Power* (New York: Public Affairs, 2019); Carl Cederström and André Spicer, *Desperately Seeking Self-Improvement: A Year Inside the Optimization Movement* (New York: OR Books, 2017).

16   Edwards, "How Did We Become Obsessed with Self-Improvement?"

17   예를 들어 다음을 참고할 것. Stephanie Y. Evans, *Black Women's Yoga History: Memoirs of Inner Peace* (Albany: SUNY Press, 2021);

Yasmin Tayag, "What I Gained from Self-Defense Class in the Wake of Anti-Asian Attacks," *New York Times*, June 9, 2021, https://nyti.ms/3jUxKi1; Megan Botel, "Native American Women Are Reclaiming Their Language," *Seattle Times*, April 19, 2021, https://bit.ly/3w3NfJf.

2 너 자신을 알라

1   Epictetus, *Discourses and Selected Writings* (New York: Penguin, 2008).

2   Michel Foucault, *Technologies of the Self: A Seminar with Michel Foucault* (Amherst: University of Massachusetts Press, 1988), 19; Martha Nussbaum, *The Therapy of Desire: Theory and Practice in Hellenistic Ethics* (Princeton, NJ: Princeton University Press, 1994).

3   Michel Foucault, *The Use of Pleasure: The History of Sexuality, Volume 2* (New York: Penguin, 1992), 27.

4   Mitchell Dean and Daniel Zamora, *The Last Man Takes LSD: Foucault and the End of Revolution* (New York: Verso, 2021).

5   Foucault, *Technologies of the Self*, 18.

6   많은 평론가들이 지적하는 것처럼 불교에서 자아는 환상에 불과하고 깨우침이라는 것은 자기 자신을 강제함으로써 얻을 수 있는 것이 아니다. 예를 들어 다음을 참고할 것. Reddit post: u/Timlikestturtles, "Self-Improvement vs. Buddhism," Reddit (accessed March 16, 2021), https://www.reddit.com/r/Buddhism/comments/se5r4/selfimprovement_vs_buddhism/; Mark Epstein, "Building a Better Self?," Lion's Roar (January 31, 2018), https://www.lionsroar.com/building-a-better-self/.

7   Peter Sloterdijk, *You Must Change Your Life* (Cambridge: Polity

Press), 28.

8　Michel Foucault, *Confessions of the Flesh: The History of Sexuality, Volume 4* (New York: Pantheon Books).

9　Max Weber, *The Protestant Ethic and the Spirit of Capitalism* (London: Unwin Hyman, 1930).

10　딘과 사모라는 미국의 신자유주의파에 대한 푸코의 해석을 이야기하며 '자아의 기업가 정신'이란 용어를 사용했다. 다음을 참고할 것. Weber, *The Protestant Ethic.* 다음도 참고할 것. Mitchell Dean and Daniel Zamora, "The True Story of Michel Foucault's LSD Trip That Changed History," *Salon*, March 13, 2021, https://www.salon.com/2021/03/13/the-true-story-of-michel-foucaults-lsd-trip-that-changed-history/.

11　"우리는 할 수 있다!(Yes, We Can!)"는 2008년 미국 버락 오바마 대통령 선거에 사용된 슬로건이다. 사람들은 오바마를 진보주의자로 여겼지만, 그는 (여전히) 신자유주의자다.

12　Peter Sloterdijk, "*Rules for the Human Zoo*: A Response to the *Letter on Humanism*," *Environment and Planning D: Society and Space D* 27, no. 1 (2009): 12~28, https://bit.ly/3nHFVPP.

13　Erika Rummel, "Desiderius Erasmus," *Stanford Encyclopedia of Philosophy*, updated October 14, 2021, https://stanford.io/3w0opdx.

14　Jean-Jacques Rousseau, *The Confessions* (London: Penguin, 1953).

15　Rousseau, *The Confessions*, 17.

16　Marshall McLuhan, *The Gutenberg Galaxy: The Making of Typographic Man* (Toronto: University of Toronto Press, 1962).

17　Rousseau, *The Confessions*.

18　Jean-Jacques Rousseau, *Emile, or On Education* (London: Penguin, 1979), 213~215.

19　Rousseau, *Emile*, 215.

20   Byung-Chul Han, *The Burnout Society* (Stanford, CA: Stanford University Press, 2015), 10.

3 특별한 나를 만들어야 한다

1   *Diagnostic and Statistical Manual of Mental Disorders*, 5th ed. (Washington, DC: American Psychiatric Association, 2013).

2   Sherry Turkle, *Alone Together: Why We Expect More from Technology and Less from Each Other* (New York: Basic Books, 2011). 인용문은 각각 56쪽, 160쪽, 177쪽, 179쪽에 있다.

3   Jean M. Twenge and W. Keith Campbell, *The Narcissism Epidemic: Living in the Age of Entitlement* (New York: Atria Books, 2010), x.

4   Twenge and Campbell, *The Narcissism Epidemic*, 4.

5   Twenge and Campbell, *The Narcissism Epidemic*, 16~17.

6   Scott Barry Kaufman, "The Science of Spiritual Narcissism," *Scientific American*, January 11, 2021, https://www.scientificamerican.com/article/the-science-of-spiritual-narcissism/.

7   Christopher Lasch, *The Culture of Narcissism: American Life in an Age of Diminishing Expectations* (New York: Norton, 1979).

8   Christopher Lasch, "The Narcissist Society," *New York Review of Books* (September 30, 1976), https://www.nybooks.com/articles/1976/09/30/the-narcissist-society/.

9   Allan Bloom, *The Closing of the American Mind* (New York: Simon & Schuster, 1987).

10   Fred Turner, *From Counterculture to Cyberculture* (Chicago: University of Chicago Press, 2006).

11   David Andrew, "Brand Revitalisation and Extension," in *Brands:*

The New Wealth Creators, ed. Susannah Hart and John Murphy (Basingstoke, UK: Palgrave Macmillan), 189.

12 The Economist, "Mission Statement," June 2, 2009, https://econ.st/3GG6nly.

13 Mark Coeckelbergh, *New Romantic Cyborgs* (Cambridge, MA: MIT Press, 2017).

14 Eva Moskowitz, *In Therapy We Trust: America's Obsession with Self-Fulfillment* (Baltimore, MD: Johns Hopkins University Press, 2008).

15 Jean-Paul Sartre, *Existentialism Is a Humanism* (New Haven, CT: Yale University Press, 2007), 22.

16 Simone de Beauvoir, *The Second Sex* (New York: Vintage, 2011).

17 Beauvoir, *The Second Sex*, 36.

18 Olivia Goldhill, "Jean-Paul Sartre Was the Original Self-Help Guru," *Quartz*, May 13, 2018, https://qz.com/quartzy/1275452/most-self-help-ideas-were-written-first-and-better-by-jean-paul-sartre/.

19 Sartre, *Existentialism Is a Humanism*, 29.

20 Adam Grant, "Unless You're Oprah, 'Be Yourself' Is Terrible Advice," *New York Times*, June 4, 2016, https://nyti.ms/3nEKvym.

21 Charles Taylor, *The Ethics of Authenticity* (Cambridge, MA: Harvard University Press, 1991).

22 Somogy Varga and Charles Guignon, "Authenticity," in *Stanford Encyclopedia of Philosophy*, last updated September 20, 2020, https://stanford.io/3pShVfC.

23 'Anattā' 또는 'anātman'이라고 불리는 불교의 무아(無我)론은 영속의 자아, 영혼, 정수가 없다고 말한다.

24 Charles Taylor, *Sources of the Self: The Making of the Modern Identity* (Cambridge: Cambridge University Press, 1989), 462. 다음도 참고

할 것. Varga and Guignon, "Authenticity."

4 자기 계발인가 자기 착취인가

1   Peter Sloterdijk, *Rules for the Human Zoo*: A Response to the *Letter on Humanism*," *Environment and Planning D: Society and Space D* 27, no. 1 (2009): 12~28, https://journals.sagepub.com/doi/10.1068/dst3.

2   Friedrich Nietzsche, *Twilight of the Idols* (Indianapolis, IN: Hackett, 1997), 38.

3   Shoshana Zuboff, *The Age of Surveillance Capitalism* (New York: Public Affairs, 2019).

4   Herbert Marcuse, *One-Dimensional Man* (Boston: Beacon Press, 1964).

5   Global Wellness Institute, "Wellness Industry Statistics & Facts," https://globalwellnessinstitute.org/press-room/statistics-and-facts/.

6   Darko Jacimovic, "17 Powerful Self Improvement Industry Statistics," Deals on Health.net, September 3, 2020, https://dealsonhealth.net/self-improvement-industry-statistics/.

7   Caroline Beaton, "Why Millennials Are Obsessed with Self-Improvement," *Psychology Today*, May 29, 2017, https://www.psychologytoday.com/us/blog/the-gen-y-guide/201705/why-millennials-are-obsessed-self-improvement.

8   Rupert Neate, "Prince Harry Joins $1bn Silicon Valley Startup as Senior Executive," *The Guardian*, March 23, 2021, https://www.theguardian.com/uk-news/2021/mar/23/prince-harry-joins-1bn-silicon-valley-start-up-as-senior-executive.

9   Hester Bates, "Why Self-Development Creators Are Having a Moment in 2020," *The Drum*, October 9, 2020, https://www.thedrum.com/profile/influencer/news/why-self-development-creators-are-having-a-moment-in-2020.

10 Jessa Crispin, "Did I Use the Pandemic for 'Self-Improvement'? Nope. And That's Fine," *The Guardian*, June 16, 2021, https://www.theguardian.com/commentisfree/2021/jun/16/employers-think-the-pandemic-was-a-time-for-earnest-self-improvement-screw-that.

11 Bryce Gordon, "Self-Improvement and Self-Care: Survival Tactics of Late Capitalism," *Socialist Revolution*, March 12, 2018, https://socialistrevolution.org/self-improvement-and-self-care-survival-tactics-of-late-capitalism/.

12 Gordon, "Self-Improvement and Self-Care."

13 Victor Tangermann, "Amazon Says Sad Workers Can Shut Themselves in 'Despair Closet': Inside the 'AmaZen' Box, Nobody Can Hear You Scream," *Futurism* (May 28, 2021), https://futurism.com/amazon-workers-despair-closet.

14 Gordon Hull and Frank Pasquale, "Toward a Critical Theory of Corporate Wellness," *Biosocieties* 13, no. 1 (2018): 190~212.

15 Christian Fuchs, *Digital Labour and Karl Marx* (New York: Routledge, 2014).

16 Nick Dyer-Witheford, Atle Mikkola, and James Steinhoff Kjøsen, *Inhuman Power: Artificial Intelligence and the Future of Capitalism* (London: Pluto Press, 2019), 11.

17 Stephen Johnson, "This New Hyperloop Pod Could Get You from L.A. to San Francisco in 30 Minutes," World Economic Forum, October 11, 2018, https://www.weforum.org/agenda/2018/10/new-700-mph-hyperloop-pod-can-go-from-l-a-to-san-

francisco-in-30-minutes/.

18   Jason Tebbe, "Twenty-First Century Victorians," *Jacobin*, October
      31, 2016.

5 나보다 나를 더 잘 아는 AI

1   Mark Coeckelbergh, *New Romantic Cyborgs* (Cambridge, MA:
     MIT Press, 2017).

2   다음을 참고할 것. Deborah Lupton, *The Quantified Self* (Cambridge:
     Polity Press, 2016).

3   Flavio Luis de Mello and Sebastiao Alves de Souza, "Psychotherapy
     and Artificial Intelligence: A Proposal for Alignment," *Frontiers
     in Psychology* 10 (2019): 263, https://www.frontiersin.org/
     articles/10.3389/fpsyg.2019.00263/full.

4   Sherry Turkle, "Artificial Intelligence and Psychoanalysis: A New
     Alliance," *Daedalus* 117, no. 1 (1988): 241~268.

5   Katie Aafjes-van Doorn et al., "A Scoping Review of Machine
     Learning in Psychotherapy Research," *Psychotherapy Research*
     31, no. 1 (2021): 92~116, https://www.tandfonline.com/doi/fu
     ll/10.1080/10503307.2020.1808729.

6   Yuval Noah Harari, *Homo Deus* (London: Vintage, 2015), 392.

7   Harari, *Homo Deus*, 393.

8   Pico della Mirandola, "Oration on the Dignity of the Human
     Being," Panarchy.org, https://www.panarchy.org/pico/oration.
     html.

9   John Harris, *Enhancing Evolution: The Ethical Case for Making Better
     People* (Princeton, NJ: Princeton University Press, 2007).

10   예를 들어 다음을 참고할 것. Barbara J. Sahakian and Julia

Gottwald, *Sex, Lies & Brain Scans: How fMRI Reveals What Really Goes On In Our Minds* (Oxford: Oxford University Press, 2017).

11 Ray Kurzweil, "The Coming Merging of Mind and Machine," *Scientific American*, February 1, 2008, https://bit.ly/3BwjnGL.

12 Julian Savulescu and Hannah Maslen, "Moral Enhancement and Artificial Intelligence: Moral AI?," in *Beyond Artificial Intelligence*, ed. Jan Romportl, Eva Zackova, and Jozef Kelemen (Cham, Switzerland: Springer International, 2015), 79~95.

13 Francisco Lara and Jan Deckers, "Artificial Intelligence as a Socratic Assistant for Moral Enhancement," *Neuroethics* 13 (2020): 275~287.

14 입체 음향의 사운드 스케이프를 사용하면 의식 전환의 효과가 있다고 한다.

15 Thobey Campion, "How to Escape the Confines of Time and Space According to the CIA," *Vice*, February 16, 2021, https://www.vice.com/en/article/7k9qag/how-to-escape-the-confines-of-time-and-space-according-to-the-cia.

16 Giuseppe Riva et al., "Transforming Experience: The Potential of Augmented Reality and Virtual Reality for Enhancing Personal and Clinical Change," *Frontiers in Psychiatry* 7 (2016): 164, https://www.ncbi.nlm.nih.gov/pmc/articles/PMC5043228/.

6 관계적 자아와 사회 변혁

1 '기이한 것(uncanny)'이라는 개념은 에른스트 옌치가 처음 사용했고, 프로이트가 1919년에 자신의 논문 "Das Unheimliche(the uncanny)"에서 발전시켰다.

2 Jacques Lacan, *Écrits*, trans. Bruce Fink (New York: Norton,

2006), 224. 외밀한 기술에 관한 고찰에 대해서는 다음을 참고할
것. Hub Zwart, "Extimate Technologies and Techno-Cultural
Discontent," *Techné: Research in Philosophy and Technology* 21, no. 1
(2017): 24~54, and Ciano Aydin, *Extimate Technology* (New York:
Routledge, 2021).

3   John Trudy, *The Anatomy of Story* (New York: Farrar, Straus and
Giroux, 2007).

4   Paul Ricoeur, *Time and Narrative, Volume 1*, trans. Kathleen
McLaughlin and David Pellauer (Chicago: University of Chicago
Press, 1984).

5   Charles Taylor, *Sources of the Self* (Cambridge: Cambridge
University Press, 1989), 47.

6   Charles Taylor, *The Ethics of Authenticity* (Cambridge, MA: Harvard
University Press, 1991), 39.

7   Alasdair MacIntyre, "The Claims of After Virtue," *Analyse & Kritik:
Zeitschrift für Sozialwissenschaften* 6, no. 1 (May 1, 1984): 3~7,
reprinted in *The MacIntyre Reader*, ed. Kelvin Knight (Notre Dame,
IN: University of Notre Dame Press), 71~72.

8   이를테면 여성주의에 관한 캐럴 길리건의 명저는 가장 높은 윤리적
발달 단계로서 원칙에 기반한 사고보다 타인에 대한 돌봄을 강조하는
관계적 관점의 도덕 발달을 소개한다. Carol Gilligan, *In a Different
Voice: Psychological Theory and Women's Development* (Cambridge,
MA: Harvard University Press, 1982). 다음도 참고할 것. Judith V.
Jordan, "The Relational Self: A New Perspective for Understanding
Women's Development," in *The Self: Interdisciplinary Approaches*, ed.
Jaine Strauss and Georg R. Goethals (New York: Springer, 1991),
137~149.

9   예를 들어 다음을 참고할 것. Chenyang Li, "The Confucian Ideal of
Harmony," *Philosophy East and West* 56, no. 4 (2006): 583~603.

10 John S. Mbiti, *African Religions and Philosophy* (Nairobi: East African Educational Publishers, 1969), 108~109.

11 Gilles Deleuze, "Post-Script on Societies of Control," *October* 59 (1992): 3~7.

12 Deleuze, "Post-Script on Societies of Control," 6.

13 Bruno Latour, *We Have Never Been Modern* (Cambridge, MA: Harvard University Press, 1993).

14 기술과 취약성에 관한 자세한 논의는 다음을 참고할 것. Mark Coeckelbergh, *Human Being @ Risk* (New York: Springer, 2013).

15 Karen Karbo, *Yeah, No. Not Happening: How I Found Happiness Swearing Off Self-Improvement and Saying F*ck It All—and How You Can Too* (New York: Harper Wave, 2020).

16 자유에 관한 정치철학적 난제를 다룬 논의가 궁금하다면 다음을 참고할 것. Mark Coeckelbergh, *Green Leviathan, or the Poetics of Political Liberty* (New York: Routledge, 2021).

17 계획 공동체에 관한 더 자세한 논의가 궁금하다면 예를 들어 다음을 참고할 것. Mike Mariani, "The New Generation of Self-Created Utopias," *New York Times*, January 16, 2020, https://nyti.ms/3BLC2yB.

18 Martin Heidegger, *The Question Concerning Technology, and Other Essays* (New York: Harper & Row, 1977).

19 개관을 보고 싶다면 다음을 참고할 것. Mark Coeckelbergh, *Introduction to Philosophy of Technology* (New York: Oxford University Press, 2019).

7 다른 서사를 품은 기술이 필요하다

1 Mark Coeckelbergh, *Using Words and Things* (Abingdon, UK:

Routledge, 2017).

2   서사적 기술이라는 용어는 내가 웨슬 라이저스와 함께 펴낸 저
    서에서 전문 용어로 처음 사용된 것이나, 이 책에서는 조금 더 포
    괄적으로 사용했다. 다음을 참고할 것. Mark Coeckelbergh and
    Wessel Reijers, "Narrative Technologies," *Human Studies* 39
    (2016): 325~346, https://link.springer.com/article/10.1007%2
    Fs10746-016-9383-7.

3   Shannon Vallor, *Technology and the Virtues: A Philosophical Guide to a
    Future Worth Wanting* (New York: Oxford University Press, 2018).

4   Mark Coeckelbergh, *Moved by Machines* (New York: Routledge,
    2019).

옮긴이 **연아람**

한국외국어대학교 영어교육학과를 졸업한 후 서강대학교에서 국제관계학을, 영국 런던정치경제대학(LSE)에서 인권학을 공부하고 이주 정책 및 청소년 교육 관련 공공기관에서 근무했다. 한국외국어대학교 통번역대학원에서 번역 전공으로 석사 학위를 받았으며 영미권 도서를 우리말로 옮기는 작업에 매진하고 있다. 옮긴 책으로 『라이프 이즈 하드』, 『죽음은 최소한으로 생각하라』, 『음식 중독』, 『생명 가격표』, 『주소 이야기』가 있다.

알고리즘에 갇힌 자기 계발
편리하고 효율적이거나 지치고 불안하거나

1판 1쇄 찍음 2024년 4월 23일
1판 1쇄 펴냄 2024년 4월 30일

지은이 마크 코켈버그
옮긴이 연아람
발행인 박근섭·박상준
펴낸곳 (주)민음사

출판등록 1966. 5. 19. 제16-490호
서울시 강남구 도산대로 1길 62(신사동)
강남출판문화센터 5층(06027)
대표전화 02-515-2000
팩시밀리 02-515-2007
홈페이지 www.minumsa.com

한국어 판 ⓒ (주)민음사, 2024.
Printed in Seoul, Korea

ISBN 978-89-374-5664-0 (03300)

잘못 만들어진 책은
구입처에서 교환해 드립니다.